W0344670

INHALT

Marco Polo

Feuerland Patagonien

Reiseführer mit Insider-Tips

Sechs Symbole sollen Ihnen die Orientierung in diesem Führer erleichtern:

★

für Marco Polo Tips – die besten in jeder Kategorie

für alle Objekte, bei denen Sie auch eine schöne Aussicht haben

für Plätze, wo Sie bestimmt viele Einheimische treffen

für Treffpunkte für junge Leute

(A 1)
Koordinaten für die Übersichtskarte

Die Marco Polo Route verbindet die schönsten Punkte von Feuerland und Patagonien zu einer Idealtour

Diesen Führer schrieb Monika Schillat. Sie ist Historikerin, lebt seit mehreren Jahren in Feuerland und unterrichtet an der Patagonischen Universität.
Die Marco Polo Reihe wird herausgegeben von Ferdinand Ranft.

MAIRS GEOGRAPHISCHER VERLAG

MARCO POLO

Für Ihre nächste Reise gibt es folgende Titel dieser Reihe:

Ägypten
Algarve
Amsterdam
Andalusien
Antarktis
Athen
Australien
Baltikum
Bangkok
Barcelona
Bayerischer Wald
Berlin
Bodensee
Brasilien/Rio
Bretagne
Brüssel
Budapest
Capri
China
Costa Brava
Côte d'Azur
Dänemark
Deutschland · Ost
Dresden
Elsaß
England
Euro Disney
Feuerland/ Patagonien
Flandern
Florenz
Florida
Frankfurt
Frankreich
Frz. Atlantikküste
Fuerteventura
Gardasee
Gran Canaria
Griechenland
Gr. Inseln/Ägäis
Hamburg
Harz
Hawaii
Holland
Hongkong
Ibiza/Formentera
Indien
Ionische Inseln
Irland
Ischia
Island
Israel
Istanbul
Italien
Ital. Adria
Ital. Riviera
Japan
Jerusalem
Jugoslaw. Küste
Kalifornien
Kanada
Karibik:
Gr. Antillen
Kl. Antillen
Kenia
Köln
Korsika
Kreta
Lanzarote
Lissabon
Loire-Tal
London
Madrid
Mallorca
Malta
Marokko
Mecklenburger Seenplatte
Mexiko
Moskau
München
Nepal
Neuseeland
New York
Norwegen
Oberbayern
Österreich
Ostseeküste:
Schlesw.-Holst.
Mecklbg.-Vorp.
Paris
Peking
Polen
Portugal
Potsdam
Prag
Provence
Rhodos
Rom
Rußland
San Francisco
Sardinien
Schottland
Schwarzwald
Schweden
Schweiz
Sizilien
Spanien
St. Petersburg
Südafrika
Südtirol
Sylt
Taiwan
Teneriffa
Tessin
Thailand
Tirol
Tokio
Toskana
Tschechische Rep./ Slowakische Rep.
Tunesien
Türkei
Türk. Mittelmeer-küste
Ungarn
USA
USA: Neuengland
Venedig
Weimar
Wien
Zypern

Die Marco Polo Redaktion freut sich, wenn Sie ihr schreiben:
Marco Polo Redaktion, Mairs Geographischer Verlag
Postfach 3151, D-7302 Ostfildern 4

Unsere Autoren haben nach bestem Wissen recherchiert. Trotzdem schleichen sich manchmal Fehler ein, für die der Verlag keine Haftung übernehmen kann.

Titelbild: Patagonien, Vulkan Lanín (Focus/Azel)
Fotos: Calvo (78); Elminger (9, 53, 57, 67); Killak Expeditions (20); Lade/B&W (88); Lade/BAV (42); Dr. Mair (36, 41); Mauritius/Eichhorn/Zingel (61); Mauritius/Schmied (30); Mauritius/Torino (innere Umschlagseite vorn), Mauritius/Wisckow (74); Museo Paleontologico (54); Rae (82); Rebmann (10, 56, 64, 75, 94); Schillat (24, 29, 84, 87); Schapowalow/Fotografico (50); Schapowalow/Ponzio (26); Schuster/Kummels (77); Schuster/Schmied (4); Schuster/Scholz (12, 15, 18); Transglobe/Mieth (13); Truöl (33, 37, 63, 69)

1., Auflage 1993

Gestaltung: Thienhaus/Wippermann (Büro Hamburg)
Kartographie: Automapa S.R.L., Buenos Aires

Printed in Germany
Gedruckt auf 100% chlorfreiem Papier

Entdecken Sie Patagonien und Feuerland!

Grandiose Naturschauspiele und unendliche Weiten im Süden Argentiniens

Das Inselgewirr Feuerlands bildet den Zipfel des südamerikanischen Kontinents. Ihr prominentester Punkt ist Kap Hoorn, »das Ende allen Landes«. Feuerland durchzieht wie Zypern eine Staatsgrenze von Norden nach Süden. Der westliche Teil gehört zu Chile, der östliche wird von Argentinien regiert. Reisen und Verkehr sind aber seit einem 1985 geschlossenen Abkommen zwischen beiden Staaten problemlos möglich.

Patagonien heißt der Süden Argentiniens mit den Provinzen Santa Cruz, Chubut und Rio Negro. Argentinien, der zweitgrößte Staat Südamerikas, mißt vom 22. Grad südlicher Breite bis zum Kap Hoorn 5000 Kilometer, davon entfallen 3200 Kilometer auf Patagonien. Argentinien vereinigt alle erdenklichen Landschaftsformen, von Tropenwäldern über Kakteenwüsten und Hochgebirge bis zu Gletscherfeldern und Atlantikküste. Seit der Selbstauflösung der seit 1976 regierenden Militärjunta im Dezember 1983 ist das Land wieder zu einer föderalistischen, republikanischen Präsidialdemokratie zurückgekehrt. Inzwischen hat Argentinien gezeigt, daß es ihm mit der Demokratie ernst ist. Bereits unter der Regierung von Präsident Raúl Alfonsín wurden umfangreiche Untersuchungen über die Menschenrechtsverletzungen während der Zeit der Militärdiktatur vorgenommen, die mit der Verurteilung der Putschgeneräle endeten. Auch wirtschaftlich hatte sich Argentinien weitgehend stabilisiert. Die Inflationsraten waren bis 1991 relativ niedrig, liegen seitdem jedoch bei 20 Prozent. Das moderne Land kann demnach nur als teilweise entwickeltes Land bezeichnet werden. Besonders im Süden, der in diesem Band beschrieben wird, fehlt es an der nötigen Infrastruktur, um die Region wirtschaftlich zu entwickeln.

Seenlandschaft in Feuerlands Nationalpark

Copiapó
6863
Ojos del Salado
San Miguel de Tucumán
Resistencia
PY
Posadas
Corrientes
Santiago del Estero
Vallenar
Catamarca
Salinas Grandes
Salado
Vera
Paraná
Mesopotamia
Uruguaiana
La Serena
La Rioja
Rafaela
BR
CHILE
San Juan
Córdoba
2884
Santa Fé
Uruguay
Salto
Aconcagua
6959
Villa María
Paraná
Paysandú
Viña del Mar
Valparaíso
Mendoza
Río Cuarto
Rosario
Mercedes
URUGUAY
Robinson Crusoe
(Más a Tierra)
(Chile)
Santiago de Chile
3842 Paso d. l. Cumbre
San Luis
San José
Minas
Rancagua
Buenos Aires
S. Rafael
Salado
Montevideo
Constitución
Talca
Chivilcoy
La Plata
Río de la Plata
Talcahuano
Chillán
Santa Rosa
Azul
Dolores
Concepción
ARGENTINA
Tandil
Lebú
CORDILLERA DE LOS ANDES
Pampas
Tres Arroyos
Mar del Plata
Temuco
Zapala
Neuquén
Colorado
Bahía Blanca
Necochea
Choele-Choel
Lanín
3776
Valdivia
Río Negro
Bahía Blanca
Osorno
−35
San Antonio Oeste
Viedma
Puerto Montt
San Carlos de Bariloche
Golfo San Matías
Ancud
Peninsula Valdés
Isla de Chiloé
2300
Corcovado
Rawson
Chubut
Las Plumas
Archipiélago de los Chonos
Patagonia
Puerto Aisén
Coihaique
Comodoro Rivadavia
Golfo San Jorge
San Valentin
4058
Puerto Deseado
Isla Wellington
Monte Fitz Roy
3315
Tres Lagos
San Julián
Puerto Santa Cruz
Falkland Islands
(Islas Malvinas)
(Gr. Br.)
West Falkland
698
Stanley
East Falkland
Puerto Natales
Río Gallegos
Estrecho de Magallanes
Punta Arenas
Porvenir
Isla Grande de Tierra del Fuego
Río Grande
2469
Ushuaia
Isla de los Estados
Cabo de Hornos
Islas Diego Ramirez
Drake Passage
500 km

Schafzucht, Erdöl- und Erdgasförderung sind die Hauptwirtschaftszweige in Patagonien und seinen Provinzen Chubut, Santa Cruz und Tierra del Fuego. Südlich der fruchtbaren Tiefebene, der Pampa, die Argentiniens Rinderzüchtern seit Jahrhunderten stetes Wachstum bescherte, schließt sich das bis auf 1500 Meter ansteigende Schichtstufenland Patagonien an. Karge Steppen bedecken das Tafelland, das mit buchtenreicher, felsiger Steilküste zum Atlantischen Ozean abfällt. Im Westen ragen die Anden majestätisch auf und erheben sich auf eine Höhe von 3500 Metern. Ein breiter Gürtel dichter Südbuchenwälder zieht sich am Fuße der Anden bis zum Süden Feuerlands hin, nur unterbrochen von tiefen Seen und rauschenden Wildwassern. In Patagonien hat Argentinien Anteil am Kontinentaleis. Der gigantische Morenogletscher schiebt sich unaufhaltsam in den Canal de los Témpanos, einen Nebenarm des Lago Argentino, um hier alle drei bis vier Jahre krachend abzubrechen. Ein Naturschauspiel ganz anderer Art sind die versteinerten Araukarien-(Nadelbaum-)wälder in der Nähe von Puerto Deseado und Sarmiento auf der Hochebene. Bis zu 50 Meter lange Stämme und versteinerte Tannenzapfen sowie allerlei Trilobiten (ausgestorbene Urkrebse) kann man im *Monumento Natural Bosques Petrificados* besichtigen. Tierfreunden bietet die Felsenküste bei Puerto Madryn und auf der fast unberührten Halbinsel Valdés einzigartige Einblicke in das Leben von Magellanpinguinen, See-Elefanten, Delphinen, Seelöwen, Schwertwalen, Robben und Bartenwalen.

Das Inselgewirr Feuerlands, von Fjorden und Meeresarmen durchschnitten, bildet eine urwüchsige Wald- und Moorlandschaft. Die Gletscher der Darwinkordillere kalben in die stillen Kanäle des Südens; die Andenausläufer laden zu ausgedehnten Wanderungen ein. Das Klima ist kühl-gemäßigt mit einer mittleren Jahrestemperatur von 5,5 Grad Celsius. Häufig auftretende Stürme können einem allerdings zu schaffen machen. Warme Kleidung und Regenschutz sind in diesem Teil Lateinamerikas unverzichtbar.

Bei einer Reise in ein Land, dessen Bevölkerung aufgrund der starken Einwanderung seit etwa 1850 überwiegend europäischer Abstammung ist, steht die Naturbeobachtung im Vordergrund, nicht die Besichtigung von Überresten präkolumbischer Kulturen. Heute leben nur noch etwa 8000 Indianer in dem riesigen Gebiet, das einst von zahlreichen Nomadenstämmen durchzogen wurde. *Tehuelche* und *Mapuche Indianer* fielen den Feldzügen der argentinischen Armee unter General Roca zum Opfer, der sich 1879 zur Aufgabe gemacht hatte, neues Weideland für die Ansiedlung europäischer Einwanderer zu erobern. Ureinwohner, die nicht bereit waren, sich zu unterwerfen, wurden gnadenlos verfolgt, die letzten Überlebenden schließlich in Reservaten zusammengetrieben. Ein ähnliches Schicksal erlitten die Feuerlandindianer. Die Stämme der Seejägerkulturen *Yamana* und *Alakaluf* konnten auf Dauer den Übergriffen der

Goldsucher und Robbenschläger im 19. Jahrhundert nicht standhalten. Sie suchten Zuflucht in den anglikanischen Missionsstationen in Ushuaia und auf der Navarino Insel, starben dort aber an europäischen Krankheiten.

Im trockenen Nordosten der Hauptinsel Feuerlands, der *Isla Grande*, jagten die *Selk'nam*, ein Nomadenvolk, auf der flachwelligen Steppe Guanacos (patagonische Lamas) und Vögel, bis um 1890 die ersten Schafzüchter und Farmer auf der Insel erschienen. Andere als die nun von den Schafzüchtern besetzten Jagdgründe gab es jedoch nicht, so daß die *Selk'nam* begannen, die Schafe der Einwanderer zu jagen. Die eingewanderten Farmer, *die Estancieros*, machten nun ihrerseits Jagd auf die Indianer und zwangen sie in die Missionsstationen bei Rio Grande und auf der Insel Dawson in Chile. Missionare des Salesianerordens sollten die »Wilden« erziehen und als Knechte und Hirten ausbilden. Doch noch ehe sie in die neue Gesellschaft eingegliedert werden konnten, erkrankten viele Ureinwohner an Masern, Lungenentzündung und Scharlach. So starben die Jäger wie ihre südlichen Nachbarn, die Wassernomaden, und hinterließen außer einer Zahl von Wigwams aus Zweigen nur ihre phantasiereichen Legenden – und ein Gefühl der Leere bei den heutigen Einwohnern Feuerlands.

Die Nachfahren italienischer, jugoslawischer und englischer Einwanderer von den Falklandinseln suchen heute nach ihren indianischen Wurzeln. Straßen und Plätze werden mit Begriffen aus der Sprache der *Yamana* und *Selk'nam* belegt; archäologische Ausgrabungen am Beaglekanal sollen helfen, die Lebensgewohnheiten der Wassernomaden nachzuzeichnen, die in ihren zerbrechlichen Rindenkanus Tausende von Jahren dem Archipel ihre Beute abgetrotzt hatten.

Als der Portugiese Fernâo de Magalhâes im Auftrag der Katholischen Könige von Spanien im Süden der Neuen Welt nach der ersehnten Ost-West-Passage zu den Gewürzinseln forschte, die Kolumbus vergeblich gesucht hatte, entdeckte er 1520 einen Seeweg, der später ihm zu Ehren Magellanstraße genannt werden sollte. Die südlich der Meerenge gelegenen Gestade hielt man damals noch für die Küste des sagenhaften Kontinents *Terra Australis*, von dem Ptolemäus behauptet hatte, er sei von Kopffüßlern bewohnt und erstrecke sich um die gesamte Erdkugel. Magalhâes nannte sie *Tierra de los Fuegos* (Land der Feuer), weil er zahlreiche Feuer am Strand gesichtet hatte. Im Laufe der Jahrhunderte wandelte sich der Name in *Tierra del Fuego* und bezeichnet heute den südlichsten Teil Südamerikas zwischen dem 52. Grad südlicher Breite und dem erst 1616 entdeckten Kap Hoorn. Seit der Teilung Feuerlands durch die unabhängigen Staaten Argentinien und Chile im Jahre 1881 gehören der dünn besiedelte westliche Teil und die Inseln südlich des Beaglekanals zu Chile. Der zu Argentinien zählende östliche Teil bildet die Provinz Tierra del Fuego, Antártida e Islas del Atlántico Sur, mit den Städten Río Grande und Us-

Die imposanten Türme des Fitz-Roy-Massivs in den patagonischen Anden

huaia. Argentinien erhebt, wie im Namen schon anklingt, Anspruch auf einen Sektor der Antarktis, nämlich die Falklandinseln, Südgeorgien, die Süd-Shetland-, Süd-Sandwich- und Süd-Orkney-Inseln. 1982 führte der daraus entstehende Konflikt mit Großbritannien zur Falklandkrise und schließlich zum wenige Wochen dauernden Krieg, den der lateinamerikanische Staat verlor.

Auch der Nachbarstaat Chile fordert, wie Großbritannien und Argentinien, das Besitzrecht auf einen Sektor in der Antarktis. Alle drei Staaten begründen ihre Forderung mit der geographischen Nähe zum Weißen Kontinent. In diesem Zusammenhang kam es bereits zu wiederholten Grenzstreitigkeiten im Beaglekanal. Der Grenzverlauf konnte nicht eindeutig klären, wem die Inseln Lennox, Picton und Nueva in der Mündung des Kanals zukamen. 1978 kam es zu schweren Spannungen, die sich schließlich auch militärisch zuspitzten. Unter vatikanischer Vermittlung schlossen Chile und Argentinien im letzten Moment ein Grenzabkommen, demzufolge Chile zwar die auf der Atlantikseite gelegenen Inseln, nicht aber die zugehörigen Territorialgewässer erhielt. Seit 1985 ist das Abkommen in Kraft und die Lage hat sich soweit entspannt, daß es seit 1992 wieder einen Flugdienst zwischen beiden Teilen Feuerlands und eine Schiffsverbindung zwischen Ushuaia und dem chilenischen Puerto Williams auf der Insel Navarino gibt.

Chilenisch-argentinische Grenze bei Calafate

Die Entspannung kommt dem Fremdenverkehr sehr zugute. Endlich ist es wieder möglich, ohne zeitraubende Umwege beide Teile des landschaftlich so reizvollen Tierra del Fuego zu besuchen. Trotzdem sollte man eine gehörige Portion Geduld mitbringen. Die Grenzübergänge sind zu unterschiedlichen Zeiten geöffnet, in Argentinien zwar ganztags, in Chile aber nur 8 Stunden, was deshalb oft zu Engpässen führt. Dem kleinen Grenzverkehr stehen auch keine öffentlichen Verkehrsmittel zur Verfügung, lediglich Charterflüge und organisierte Bustouren können dem Reisenden hier weiterhelfen.

Wer Patagonien und Feuerland zum ersten Mal bereist, wird seinen Aufenthalt sorgfältig planen. So ist es nicht ratsam, während weniger Wochen das ganze Gebiet bereisen zu wollen. Allein Patagonien ist von seiner Ausdehnung her so groß wie Frankreich, und das bei einer Bevölkerungsdichte von nur einem Menschen je 2 Quadratkilometer. Zwischen einzelnen Reisezielen liegen oft mehrere Flugstunden oder tagelange Busfahrten. Das argentinische Eisenbahnnetz endet in Esquel, weiter südlich muß man auf alte Überlandbusse und schlechte Straßenverhältnisse gefaßt sein. Für einen ersten Besuch, auf dem man einen möglichst vollständigen Eindruck von der landschaftlichen Vielfalt Patagoniens und Feuerlands erhalten möchte, empfiehlt es sich daher, auf die günstigen Inlandflüge von *Aerolíneas Argentinas* und *Austral Líneas Aéreas* zurückzugreifen, die die wichtigsten Städte des Südens miteinander verbinden. Dennoch wird es sich nicht vermeiden lassen, hin und wieder auf den Bus auszuweichen oder einen ebenfalls relativ günstigen Charterflug zu entfernteren Ortschaften zu nehmen.

Argentinier sind ausländischen Besuchern gegenüber von entwaffnender Freundlichkeit und stellen ihre Hilfsbereitschaft jedem Reisenden gern zur Verfügung. Mit unglaublichem Improvisationstalent versuchen sie, Lücken im Servicebereich und der Infrastruktur zu füllen. Junge Touristikunternehmen ersetzen so nicht nur fehlende Busverbindungen in die Nationalparks, sonden sorgen dafür, daß ihre Exkursionen zu Pferd, im Jeep und zu Wasser zu unvergeßlichen Abenteuern werden. Wenn der Gaucho in Feuerland zum Mate-Tee am offenen Feuer einlädt oder die Mapuche-Indianer in Nahuel Pan von ihrer großen Vergangenheit als stolzes Reitervolk erzählen, dann steht für einen Moment die Zeit still, und etwas von der Naturverbundenheit dieser Menschen geht auch auf uns über.

Geschichtstabelle

1520
Magellan entdeckt auf der Suche nach einer Westpassage die nach ihm benannte Meeresstraße zum Pazifik und die Nordküste Feuerlands

1582–84
Erster erfolgloser Besiedlungsversuch an beiden Ufern der Magellanstraße durch Pedro Sarmiento de Gamboa

1616
Die Holländer Le Maire und Schouten entdecken Kap Hoorn. Es folgen zahlreiche französische und englische Expeditionen in die Region

1778
Erste spanische Kolonien in Patagonien auf der Halbinsel Valdés, am Río Negro und in der Bucht von San Julián

1816
Die Vereinigten Provinzen des Río de la Plata erklären ihre Unabhängigkeit vom Mutterland Spanien

1825
Die Argentinische Konföderation entsteht, ohne Patagonien und Feuerland, die noch zu keinem Staat gehören

1833
Die Falklandinseln, seit 1820 zu den Vereinigten Provinzen gehörig, werden von Großbritannien annektiert

1848
Chile ergreift Besitz von der Magellanstraße (1881 Durchfahrt für alle Schiffe)

1865
Walisische Auswanderer siedeln im Chubut-Tal

1871
Die ersten englischen Missionare in Ushuaia

1875–79
In der sogenannten Campaña del Desierto werden die Nomaden Patagoniens von Regierungstruppen blutig zurückgeschlagen

1881
Im Tratado de Límites einigen sich Chile und Argentinien über ihre Grenzen im Süden. Feuerland und Patagonien werden geteilt

1884
Ushuaia wird Militärbasis und Strafkolonie Argentiniens

1938–39
Erdölvorkommen an den Küsten Patagoniens und Feuerlands. 1959 beginnt die staatliche Förderung

1966
Erste Touristen gelangen nach Feuerland und Patagonien auf ihrem Weg in die Antarktis

1978
Die nationale Entwicklungspolitik gewährt Industrieunternehmen Steuerfreiheit in Feuerland. In den Städten Feuerlands beginnt ein unkontrolliertes Wachstum

1985
Grenzstreitigkeiten zwischen Chile und Argentinien auf Feuerland beendet

Gauchos, Wale und Wassernomaden

Ein kleiner Leitfaden durch die Welt Patagoniens und Feuerlands

Architektur und Städtebau

Die Städte im Süden Argentiniens, kaum eine älter als 100 Jahre, sind nach amerikanischem System schachbrettartig angelegt. In quadratische Blocks eingeteilt, finden auf je 100 mal 100 Metern kleine Häuschen aus Holz und neuerdings Beton Platz. Nach Namensschildern wird man vergeblich suchen, oft verblüffen auch die Hausnummern. Für jeden Häuserblock sind 100 Hausnummern vorgesehen. Sind weniger Gebäude vorhanden, werden willkürlich Nummern ausgelassen.

Viele Ansiedlungen haben den vorläufigen Charakter zusammengewürfelter Goldgräberstädte. Auf den ersten Blick häßliche Nester mit Blechbaracken und Betonburgen, die erst beim näheren Hinsehen kleine Schmuckstücke, die Häuser der ersten Siedler, preisgeben. Meist aus Holz zusammengezimmert, und mit Wellblech verkleidet, sind sie in allen Farben gestrichen. Kleine Schnitzereien verzieren die spitzen Dächer, und vorwitzige Erker machen die ärmlichen Häuschen zu pittoresken Behausungen. Viele stehen heute schon unter Denkmalschutz.

Auch heute noch arbeitet der Gaucho mit Pferd und Boleadoras

Holzfällersiedlung

Asado

Zu einem Asado ist in Patagonien und Feuerland immer und überall Gelegenheit. Der »Braten« wird am eisernen Spieß nicht über, sondern vor dem offenen Feuer geröstet – wie bei den Gauchos in alten Zeiten. Während man in Nordargentinien Rind bevorzugt, wird im Süden hauptsächlich Lamm gegrillt.

Bevölkerung

Wie die Mexikaner von den Mayas abstammen und die Peruaner von den Inkas, so sind die Argentinier Nachfahren der Seeleute aus aller Welt. »Unsere Vorfahren kamen von den Schiffen«, sagen Argentinier augenzwinkernd und beziehen sich dabei auf verschiedene Einwandererwellen im 19. Jh. aus Polen, Jugoslawien, Italien, Großbritannien, der Schweiz, Deutschland und dem Mittleren Orient. Im 20. Jahrhundert trieben die beiden Weltkriege erneut europäische Auswanderer nach Argentinien. Längst sind die Nachfahren der spanischen Konquistadoren in der Minderheit.

Noch weniger bemerkbar macht sich das indianische Erbe. Im Süden Argentiniens entzogen sich die kriegerischen Nomaden solange wie möglich dem Zugriff der argentinischen Truppen und Siedler, so daß sich die Kulturen nicht vermischen konnten. Nach dem sogenannten Wüstenfeldzug General Rocas (1875–1879), in dem die Indianer Patagoniens weitgehend ausgerottet wurden, war die letzte Chance für ein Zusammenleben und einen kulturellen Austausch vertan.

In Patagonien kommt noch eine weitere Kuriosität hinzu. Im 19. Jahrhundert ließen sich an der Küste walisische Bauern nieder, die bis heute ihre Sitten und Gebräuche pflegen wie am ersten Tag. Manchen Reisenden mag es auch verwundern, wie viele *Estancias* (Viehfarmen) fest in englischem Besitz sind. England unterstützte bereits die kreolischen Rebellen bei ihrem Kampf um die Unabhängigkeit von Spanien und begann nach der Revolution in Argentinien zu investieren. Große Ländereien im Süden wurden von englischen Unternehmern erworben und als Schaffarmen genutzt. Andere Schafzüchter kamen von den Falklandinseln nach Feuerland und Patagonien. Die Wolle wurde dann in der englischen Tuchindustrie verarbeitet.

Patagonien ist etwa dreimal so groß wie die Bundesrepublik Deutschland und doch leben nur 1,2 Millionen Menschen hier.

Boleadoras

Überall ist es zu sehen, das Lasso des argentinischen Cowboys. Das Wurfseil aus Rohlederstreifen geflochten und mit drei Steinkugeln bestückt, die ebenfalls mit Leder bezogen sind, war die Erfindung der Tehuelche-Indianer. Zwei der Kugeln ließen sie über dem Kopf kreisen, die dritte wurde im richtigen Moment losgelassen, so daß sich die Boleadoras gezielt um die Beine des flüchtenden Guanacos (patagonisches Lama) schlingen konnte. Die Gauchos übernahmen diese Technik, um Vieh einzufangen. Auch heute noch kann man das Lasso auf dem Land und in manchen Geschäften der Stadt erwerben.

Dulce de leche

Schon beinahe widerlich süß ist die bei Argentiniern so beliebte Karamelcreme aus gekochter Milch mit Zucker. Sie wird zum Frühstück gereicht und zum Dessert, auch zusammen mit Flan (Karamelpudding) gegessen und ist als Füllung für Torten, Eclairs und Windbeutel einfach unentbehrlich.

Fauna

In der Einöde der patagonischen Steppe vermögen nur wenige Tiere zu überleben, Guanacos, Maras (Pampashasen), Springmäuse, Gürteltiere und Nandus (Straußenvögel), die sich von der kargen Vegetation ernähren, gehören dazu; und andererseits die Raubtiere, die diese Tiere jagen: Füchse und inzwischen seltener gewordene Pumas. Aber nicht nur die Trockenheit bedroht die einheimische Tierwelt. Riesige Schafherden machen ihr die Weidegründe streitig und zerstören die Steppe.

Ganz anders ist die Situation an den weiten Küsten Patagoniens und Feuerlands. Hier tummeln sich unzählige See-Elefanten, Pinguine, Seelöwen, Robben und Delphine; gigantische Wale suchen Zuflucht in diesem abgelegenen Teil der Welt, um sich fortzupflanzen und ihre Jungen aufzuziehen. Andere kommen, um sich ihrerseits von diesen Tieren zu ernähren, wie z. B. Schwertwale, die Seelöwen und Pinguinen nachstellen.

In Feuerland gesellten sich neben Schafen weitere eingeführte Tierarten zur einheimischen Fauna: Kaninchen und Biber, die – inzwischen beide zur Plage geworden – große Schäden in den Wäldern anrichten. Noch hat sich die Provinzregierung nicht zu einer Entscheidung durchringen können, ob sie die Biber zum Abschuß freigeben wird.

Vogelfreunden bietet Feuerland ein ganz besonderes Spektakel. Vom Flamingo über Kolibri und Kondor bis zum Albatros können 200 Arten beobachtet werden. An der Küste sieht man gleichzeitig Sturmvögel, Austernfischer, Sandpfeifer, Wildgänse, Ibisse und Waldvögel wie Spechte, Sittiche und allerlei Greifvögel. Der Wald geht bis an die Küste heran, so daß es zu einer Verflechtung beider Lebensräume auf engstem Gebiet kommt.

Flora

Subantarktische Südbuchen bilden dichte Wälder im Schutz der Anden, die in Feuerland bis ans

Nandu, der Straußenvogel Argentiniens

Meer heranreichen. Sie bieten 30 endemischen (nur in diesem Gebiet wachsenden) Farnarten Lebensraum; die meisten von ihnen sind klein, aber ausgesprochen robust. Der größte unter ihnen, *Blechnum magellanicum*, hat glänzende, ledrige Blätter und wächst im Schutz der immergrünen Buchenart *Guindo*. Im Wald finden sich auch 500 verschiedene Wildblumenarten, einige unscheinbar und winzig, aber auch spektakuläre Vertreter gehören dazu, wie zarte weiße Orchideen auf Lichtungen und gelbgrüne Orchideen, die windgeschützt zwischen Büschen wachsen. Unter den zahlreichen Bergblumen gibt es verschiedene Edelweiße und eine äußerst interessante, schlangenförmige Pflanze mit langgezogenen haarig-weißen Blüten, die *Nassauvia magellanica*. Von den Einheimischen wird sie Schokoladenblume genannt, weil ihr Duft tatsächlich an das Aroma von Schokolade erinnert.

Rote und gelbe Moose geben den Hochmooren eine intensive Färbung und stehen in lebhaftem Kontrast zu den grünen, gelben und sogar schwarzen Flechten. Ganze Felder des weißen, tierfangenden Sonnentaus finden sich eingebettet in ihrer Mitte. Die *Drosera* der Anden ist allerdings wesentlich kleiner als ihre europäischen Schwestern.

Die Küste ist eine Fundgrube für algeninteressierte Botaniker. 340 Algenarten konnten 1992 gezählt werden.

Gauchos

Oft werden die modernen Viehtreiber Argentiniens, die *Peones*, Gauchos genannt. Das ist nicht ganz richtig. Denn den eigentlichen *Gaucho*, den Mestizen, der sich fern von Recht und Gesetz in die Pampa zurückzog und dort von verwildertem Vieh lebte, mit Indianern gemeinsam Feldzüge gegen weiße Siedler führte, als Outlaw von den Behörden verfolgt, gibt es nur noch in der Literatur. Im 19. Jahrhundert in Werken wie dem »Martin Fierro« von José Hernandez besungen, konnte er im Argentinien des 20. Jhs. und bei exportorientierter Viehwirtschaft nicht überleben. Der einst romantisierte Gaucho wird nun als krimineller Viehdieb angesehen. Trotzdem greifen die Patagonier heute noch bei Volksfesten gern auf die traditionelle Tracht, *bombachas* (Pumphosen) und *boleadoras*, zurück und identifizieren sich mit dem Gaucho als Teil der nationalen Vergangenheit.

Geologie

Das Hochland von Patagonien ist entstehungsgeschichtlich den europäischen Mittelgebirgen vergleichbar. Das Hochgebirge aber, die Cordillera de los Andes, wurde erst in jüngster geologischer Vergangenheit durch die Kollision der Ostpazifischen mit der Südamerikanischen Platte aufgefaltet und übersteigt in ausgedehnten Hochgebieten sogar die 5000-Meter-Marke.

In Feuerland setzen sich die Bergketten der Anden in Ost-West-Richtung fort, wenn auch bereits deutlich niedriger. Hier erreichen die Gipfel nur noch eine Höhe von etwa 1400 m, bedeckt von Gletschern und ewigem Eis. Die ältesten Gesteinsschichten datieren auf 150 Millionen Jahre. An zwei Gesteinstypen kann man die Entstehungsgeschichte besonders gut ablesen: Weißer Leparit mit Quarzeinsprengseln und grüner Andesit mit dunkleren Kristallen erzählen vom Erstarren flüssigen Vulkangesteins, bei dem Kontaktmaterial mit eingeschlossen wurde.

Die tiefen Täler Feuerlands sind allesamt Produkt der letzten Eiszeit. Findlinge und Moränen erinnern daran.

Klima

Die Westwindzone bestimmt das Steppen- und Wüstenklima Patagoniens. Der Regen wird von der 4000 m hohen Andenkette zurückgehalten. So fällt im Osten oft nur um 200 mm Niederschlag. Die Temperaturen schwanken in dieser Region zwischen 5 Grad Celsius im Juli und 20 Grad Celsius im Januar.

Ganz anders gestaltet sich das Klima im Süden Feuerlands. Die vorherrschenden Winde kommen aus Südwesten. Sie bringen Feuchtigkeit und Kälte aus der Antarktis. An einem Tag können bis zu vier Tiefdruckgebiete über den Archipel hinwegziehen. Oft wechseln Schnee-, Hagel- und Regenschauer mit strahlendem Sonnenschein.

Die Neigung der Erdachse bringt außerdem eine andere Tages- und Nachtdauer mit sich: Auf der südlichen Erdhälfte werden im Sommer mehr Tageslichtstunden gezählt als im europäischen Sommer auf entsprechenden Breitengraden, und umgekehrt weist der europäische Winter mehr Stunden Tageslicht auf als der Winter in Patagonien und Feuerland. So bietet Ushuaia im Sommer 19 bis 20 Stunden Tageslicht, während es im Winter nur 6 bis 7 Stunden sind.

Mate

Ob am Strand, im Büro oder im Auto, Argentinier trinken immer und überall gern ihren Mate. Der Tee wird aus den getrockneten und fermentierten Blättern des Yerba-Strauches gewonnen. Das bittere Kraut wird in einer getrockneten Kürbisfrucht, *calabaza*, mit heißem Wasser aufgegossen und aus einem silbernen Saugröhrchen, der *bombilla*, getrunken. Alle trinken aus demselben Gefäß, das Wasser wird jedesmal nachgegossen, bevor die calabaza weitergereicht wird. So ist das Mate-Trinken auch ein geselliger und gastfreundlicher Brauch.

Nationalparks

In den südlichen Patagonischen Anden wurden vier Nationalparks eingerichtet, die weite Gebiete von großer landschaftlicher und naturwissenschaftlicher Bedeutung umfassen. Im *Parque Nacional los Glaciares* wird der Besucher Zeuge des einzigen noch im Wachstum begriffenen Gletschers. Der Perito Moreno Gletscher, 1982 von der Unesco zum »Welt-Naturdenkmal« erklärt, mündet mit einer vier Kilometer breiten Eiswand in den Lago Argentino. Die Hauptattraktion des *Parque Nacional Perito Moreno* sind seine acht Seen, Fossilien und Felsmalereien. In der Nähe von *Esquel* bieten der *Parque Nacional Lago Puelo* und sein südlicher Nachbar *Los Alerces* reizvolle Einblicke in die Berg- und Seenwelt der Anden.

In Feuerland vermittelt der *Parque Nacional Tierra del Fuego*

(63 000 Hektar) einen ersten Eindruck der vielfältigen Landschaft: Torfmoore, dichte Südbuchenwälder, Felsenküste und schneebedeckte Berge.

Die argentinische Regierung fördert den Besuch der Nationalparks durch den Bau von Hotels, Gaststätten und Campingplätzen, sorgt aber gleichzeitig durch strenge Regeln und den Einsatz von besonders ausgebildeten Parkwächtern für den Schutz dieser einmaligen Gebiete.

Neben den Nationalparks stehen zahlreiche Naturschutzgebiete dem Besucher offen wie die Halbinsel Valdés, Lebensraum für unzählige Pinguine, See-Elefanten, Südkaper (Bartenwal), Orkas (schwarz-weiße Zahnwale), Delphine, Seelöwen, Robben und zahlreiche Steppenbewohner. Auch geologische Schutzgebiete gehören dazu wie die versteinerten Araukarienwälder: *Monumento Natural Bosques Petrificados* in der Nähe von Puerto Deseado und der versteinerte Wald *José Ormachea.*

Religion

Die große Mehrheit der Argentinier ist katholisch. In größeren Städten gibt es aber auch Methodisten- und Evangelische Kirchen, sowie jüdische Synagogen und islamische Moscheen. Im Chubuttal an der patagonischen Küste – dem Zentrum walisi-

Der »Salto Grande« im Naturreservat Torres del Paine

scher Einwanderer – herrscht der protestantische Glauben vor.

Sprache
Offizielle Landessprache ist Spanisch. Das argentinische *Castellano* weist allerdings leichte Abweichungen in Grammatik, Aussprache und Wortwahl zum Inselspanisch auf.

Die meisten Argentinier sprechen keine Fremdsprache. Es empfiehlt sich, wenigstens ein paar Brocken Spanisch zu lernen.

Ureinwohner
Alakaluf und *Yamana*-Indianer bevölkerten als Wassernomaden die Fjorde und Kanäle im Westen, Südwesten und Süden des zerklüfteten Feuerlandarchipels bis zum Beginn unseres Jahrhunderts. Inzwischen gelten sie als ausgestorben. Zwar leben auch heute noch einige Familien der *Yamana* auf der Insel Navarino. Aber schon lange fährt keiner von ihnen mehr mit dem Rindenkanu zum Fischen und Jagen hinaus. Riesige Muschelhaufen entlang der Küste erzählen noch heute von den Banketten ihrer Vorfahren, und zungenbrecherische Straßennamen erinnern daran, daß sie die ersten Menschen in Feuerland waren.

Auf der Isla Grande von Feuerland jagten die *Selk'nam* Guanacos und Vögel aller Art. Wie ihre Nachbarn im Süden wurden sie Opfer eingeschleppter Krankheiten – und der Wut der ersten Schafzüchter, die die Nomaden verfolgten, um ihre Herden vor dem Hunger der flinken Jäger zu schützen. Nicht selten trifft man bei Wanderungen auf Pfeilspitzen und sogar auf die Reste ihrer Wigwams.

Im Süden Patagoniens lebten ebenfalls Jäger und Sammler, die *Tehuelche*. Sie kamen in den Besitz von Reittieren, als sich im 18. Jahrhundert verwilderte Pferde aus der Region des Río de la Plata stark vermehrten. Die stattliche Größe der Tehuelche – auch heute noch messen sie durchschnittlich 1,80 m – veranlaßte die Europäer im 16. Jahrhundert, sie die »Giganten Patagoniens« zu nennen. Heute leben sie, bis zur Unkenntlichkeit integriert, als *Peones* auf den riesigen Schaffarmen und in wenigen Reservaten in den Anden.

Zeit und Raum
Anders als in unserer hektischen Welt ist die Zeit im entlegenen Süden Lateinamerikas eher ein Entfernungsmesser als ein Parameter für den Tagesablauf. »Hay tiempo« – wir haben genug Zeit – heißt es, wenn ein eiliger Kunde in der Schlange die Geduld verliert, oder ein Passagier nach der Abfahrtszeit des Zuges fragt. Allein auf der Bank kann man Stunden verlieren, nur um Reiseschecks zu tauschen, weil der Kassierer mit jedem zweiten Kunden erst ein Schwätzchen halten muß.

Fragt man aber nach der Entfernung zwischen Ushuaia und Río Grande, wird ein Feuerländer kaum antworten, daß die Städte 200 km auseinanderliegen, sondern einfach feststellen, daß man fünf Stunden mit dem Auto braucht. Was bedeutet schon eine nüchterne Kilometerzahl, wenn man sich nicht vorstellen kann, in welchem Zustand man die Schotterstraßen in Feuerland und Patagonien vorfinden wird?

Steaks und Pasta

Die argentinische Küche spiegelt den Einfluß der europäischen Einwanderer wider

Essen

Nirgends sonst zeigt sich der Einfluß der italienischen Einwanderer so deutlich wie in der argentinischen Küche. Beste sizilianische Pasta, hausgemachte *tallarines* (Bandnudeln) und die aus Kartoffelteig gekneteten *Ñoquis* (in Italien heißen sie Gnocchi) wetteifern mit Pizzas in allen Varianten. Am besten schmeckt die auf der Steinplatte kroß gebackene *Pizza a la piedra*. Der Teig ist hauchdünn, der Belag scharf gewürzt und abwechslungsreich: *con palmitos* (mit Palmenherzen und gekochtem Ei), *con roquefort* (mit Roquefortkäse und Haselnüssen) oder auch klassisch: *neapolitana* (mit Tomate und Käse), *con anchoas* (wunderbar salzige Anchovispizza) und *calabresa* (mit Oliven und fettiger Salami).

Das argentinische Abendessen schlechthin besteht aber nach wie vor aus einem saftigen *lomo* (Filet) oder *bife de chorizo* (Rumpsteak) mit Salat und macht damit der kreolischen Tradition alle Ehre. Eine besondere Rolle spielt auch die österreichische Küche, aus der einige recht appetitliche Nachspeisen hervorgegangen sind, wie etwa Strudel und Palatschinken, die sogar ihren Namen behalten durften. *Guisos* (Eintöpfe) und *locro*, ein Gericht aus Mais, Rindfleisch, Bohnen, Kartoffeln, Zwiebeln, Speck und Paprika erinnern an die spanischen Großmütter. Und schließlich lassen die Namen zahlreicher Vorspeisen, wie etwa *ensalada rusa* (Kartoffelsalat mit Mayonnaise angemacht) und *fiambre alemán* (salzige Pfannkuchen mit grünem Salat, Mayonnaise, Käse und Schinken belegt) die Geschichte der Einwanderer aus Weißrußland und Deutschland anklingen.

Stattliche Regenbogenforellen sind keine Seltenheit

Argentinier essen spät zu Abend. Vor 21 Uhr bekommt man kaum etwas. Ein komplettes Abendessen beginnt mit einer *entrada* (Vorspeise). Das können *empanadas* (gefüllte Teigtaschen) sein, *con carne* (mit Hackfleisch), *con queso y jamón* (mit Käse und Schinken) oder auch eine *mayonesa de ave* (Geflügelsalat mit Mayonnaise). Wer es etwas feiner mag, bestellt ein *Vittel toné* (hauchdünne Rindfleischscheiben auf einer Sahne-Anchovis-Sauce mit Kapern) oder eine *cazuela de mariscos* (Muschelragout mit Tintenfisch).

Der Hauptgang, *plato principal*, enthält dann entweder ein

Chulengo

Das ist nicht nur der Name der Lamajungen. Auch die abgeschnittenen Öltonnen, auf denen viele Patagonier ihr Asado zubereiten, werden so genannt. Der Tonnenrand schützt das Feuer vor dem scharfen Wind und läßt das Fleisch langsam grillen. Gewitzte Patagonier schneiden auch nur Teile aus den Tonnen heraus und legen sie quer, um so zusätzlich Schutz vor Regen zu gewinnen.

Fleisch-, Fisch- oder Geflügelgericht oder Pasta. Selbst wer kein großer Fleischesser ist, sollte wenigstens einmal ein garantiert frisches, ungespritztes und außerordentlich schmackhaftes argentinisches Steak probieren. Der Salat dazu, *ensalada*, muß extra geordert werden, genau wie die *guarniciones* (Beilagen). Das können *papas fritas* (Pommes frites), *papa natural* (Salzkartoffeln) oder die etwas feinere *papa noisette* (gebackene Kartoffelstückchen) sein. Brot bringt der Ober unaufgefordert gleich zu Anfang. Eine Spezialität, für die man etwas Zeit mitbringen sollte, ist die *parrillada criolla*, eine am offenen Holzkohlenfeuer zubereitete Platte mit Fleisch, Würstchen, Blutwurst, Kalbsbries, Nieren und anderen Innereien (Därmen nur mit Milch genährter Rinder). Die Grillplatte wird oft auf einem kleinen Ofen serviert, der die Stücke warm hält.

Feuerland und Patagonien bieten außerdem eine bemerkenswerte Vielfalt an Meeresfrüchten, zu denen die feine *centolla* (Königskrabbe) ebenso gehört wie *mejillones* (Miesmuscheln), *rabas* (Tintenfischringe), den Sprotten ähnliche *cornalitos*, Scampi, gedünstete und gebratene Weißfische und Flußforellen: *pescado* und *trucha*.

Zum Nachtisch gibt es *queso con dulce* (eine dicke Scheibe Goudakäse mit einem gleichgroßen Stück Quitten- oder Süßkartoffelgelee belegt), hausgemachten *flan* (Karamelpudding aus Milch, Eiern und Zucker gekocht) mit *dulce de leche* oder *panqueques* (hauchdünne Pfannkuchen). Wer es weniger landestypisch mag, bestellt sich einen hochprozentigen *Don Pedro* (Vanille-Eis mit Whisky und Nüssen), oder einfach nur Eis mit Sahne, *helado con crema*.

Natürlich kann man auch mittags essen gehen; von 12–15 Uhr sind die Restaurants geöffnet. Um diese Tageszeit bevorzugen Argentinier leichtere Mahlzeiten wie etwa Omelette oder *minutas*. Darunter versteht man dünne Schnitzel oder Hamburger auf Steakbasis, *hamburgesas* (Spiegeleier auf Hacksteak mit Brot) oder einfach *tostadas con jamón y queso* (Toast mit Schinken und Käse) oder *a la jardinera* (derselbe Toast, aber diesmal zusätzlich mit gekochten Eiern und Blattsalat belegt).

Und was ist mit dem Frühstück? Genaugenommen ist es nicht der Rede wert. Argentinier trinken morgens ihren Mate-Tee und knabbern vielleicht noch einen Kräcker dazu. Wie soll man auch früh schon wieder

Hunger haben, wenn das Abendessen am Vortag erst um 24 Uhr beendet worden ist? Anders sieht es in den Hotels aus. Zum Frühstück gibt's Tee oder Kaffee. Der Kaffee ist würzig und wird bevorzugt stark getrunken: *café* (klein und schwarz), *con azucar* (mit Zucker), *cortado* (mit etwas Milch), *con leche* (Milchkaffee nach französischer Art). Und möchte man lieber gleich eine große Tasse ordern: *doble*. Dazu gibt's *medialunas* (Hörnchen) oder *tostadas*. Außerdem kann man in Cafés und Bars jederzeit ein Frühstück ordern und befindet sich dabei in bester Gesellschaft, wenn die Argentinier ab 10 Uhr ihren *brunch* einnehmen.

Trinken

Das traditionelle Getränk zum Essen ist Wein. Argentinien ist nach Italien, Frankreich und Spanien der viertgrößte Weinproduzent. 65% der Anbauflächen liegen in der Provinz Mendoza, 28% in San Juan, die restlichen 7% in den Provinzen Rio Negro, Neuquén, La Rioja, Catamarca und Salta. In Patagonien wird es für guten Wein einfach nicht warm genug und der Sommer ist ohnehin zu kurz, um Trauben reifen zu lassen. Trotzdem verachtet man auch hier nie einen guten Tropfen. Empfehlenswerte Rotweine: *Bianchi-Borgogna*, ein ausgezeichneter Burgunder, *Selección López, Michel Torino* und *Navarro Correa* sind vorzügliche Tischweine, *Comte de Valmont*, duftender Spitzenwein, und schließlich ein *San Felipe*, falls zu haben Jahrgang 87/88, ein wahrer Genuß. Zu den besten Weißweinen zählen: *Castel-Chandon, Château Monchenot* von López, *Canciller-Riesling* und Weißwein von Weinert. Schließlich gibt es auch noch gute Roséweine: *Santa Silvia, Orfila-Rosado* oder *Fond de Cave-Rosado*.

Aber auch Bier wird zum Essen gereicht. Neben den einheimischen blonden *Quilmes* und *Santa Fé* kommen allerlei Importbiere auf den Tisch.

Lokale

Restaurante darf sich nur das Speiselokal nennen, das eine große Auswahl an verschiedenen Speisen anbietet. Ansonsten weisen Zusätze im Namen auf die jeweilige Spezialisierung hin, wie z.B. *restaurante de mariscos* (Meeresspezialitäten) oder *restaurante de pizzas* (Pizzeria). Daneben gibt es *parillas* und *lomotecas* (Grillrestaurants) und die unvermeidlichen Fast-Food-Lokale.

Nehmen Sie nicht an einem besetzten Tisch Platz. In Argentinien wartet man, bis ein Tisch frei wird. Es ist üblich, die Vorspeisen für alle zusammen und dann die Hauptgerichte zu bestellen. Die Tagesgerichte, die nicht auf der Karte stehen, nennt der Kellner meist unaufgefordert. *Guarniciones* und *entradas* kann man für die ganze Runde kommen lassen.

In Argentinien bezahlt üblicherweise einer für alle. Eine häufige Variante: Jeder legt seinen Obolus in die Mitte des Tisches, bis der Rechnungsbetrag erreicht ist. Nur mit Mühe kann man dem Kellner erklären, daß man getrennt zahlen möchte. Am besten sagt man schon bei der Bestellung, wie später abgerechnet werden soll, und erfährt so auch, ob Kreditkarten angenommen werden.

Tabas und Mate

Kunst und Handwerk nach alter Indianertradition

Alle größeren Städte Patagoniens und Feuerlands verfügen über *casas de artesanías*, aber in diesen Kunsthandwerksgeschäften werden hauptsächlich Töpferwaren und gewebte Teppiche aus dem extremen Norden Argentiniens angeboten, die nichts mit der handwerklichen Tradition des Südens gemein haben. Es lohnt sich aber, nach Mineralien wie Quarzen und Achaten zu fragen, die meist ungeschliffen und preiswert angeboten werden. Auch Silberwaren können sie einkaufen. Das Edelmetall wird traditionell zu kostbaren Messern, Gürtelschnallen und Beschlägen verarbeitet.

Pferdefreunden werden die für die argentinische Landwirtschaft so typischen leichten Sättel und weichen Satteldecken aus Schaffell angeboten. Dazu gehören Steigbügel aus Holz und das Wurfseil des Gauchos, die *boleadoras*. Durchweg hohe Preise muß man für Reitstiefel und die argentinischen Reithosen *bombachas* bezahlen, kann sich aber auch mit kleineren Souvenirs versorgen, wie etwa einer *taba*, dem verzierten und mit Edelmetall reich beschlagenen Sprunggelenk der Kuh, das zum Glücksspiel benutzt wird.

In den patagonischen Anden kann man mit etwas Glück Kunsthandwerksgegenstände der wenigen noch lebenden Mapuche-Indianer erwerben. Neben Holzflöten und Rasseln bestechen insbesondere handgewebte Decken mit klassischen geometrischen Mustern in schwarz-weiß.

In Puerto Williams, auf der chilenischen Insel Navarino, verkaufen die letzten noch lebenden Yamana-Indianerinnen direkt bei sich zu Hause kleine Rindenkanus und Körbe, die nach alter Tradition aus Gräsern geflochten werden. Aus den Baumknoten, die im Südbuchenholz durch den Darwinpilz hervorgerufen werden, fertigen Kunsthandwerker in Feuerland Schlüsselanhänger, Aschenbecher und Türschilder. Es gibt sogar Tischplatten, die die einzigartige Maserung des chaotisch gewachsenen Holzes wunderbar zur Geltung bringen. Gelegenheit zum Kauf von Mate-Tee-Gefäßen aus Kürbisschale, Holz oder Metall bieten sich überall, selbst an kleineren Kiosken. Den dazugehörigen Tee gibt es im Supermarkt oder im Laden an der Ecke.

Satteldecken und Reiterkleidung werden immer noch nach alter Indianertradition gefertigt

Gauchosänger und Puppenspieler

Folkloristisches aus Patagonien und Feuerland

Die Weltkultur in der Metropole, auf dem Lande die Folklore – diese alte Formel für das Veranstaltungsgeschehen in Argentinien gilt nach wie vor. Patagonische Feste sind volkstümlich. Trachtenvereine und Tanzgruppen gehören dazu, wenn im Herbst die Pferde zugeritten und im Frühjahr die Schafschur zelebriert wird. Die Männer tragen dabei gern die weiten *bombachas* (Pumphosen). Ländlich-sittlich geht es auch auf Sänger- und Bierfesten zu. Schon von weitem schlägt dem Besucher der Duft des Asado entgegen, von dem es reichlich für alle gibt. In langen Reihen stehen die Kreuzspieße am Lagerfeuer, an denen auch das Wasser im Kessel für den Mate-Tee singt. Bei unschuldigen Spielen wie Tauziehen und Balancieren darf über die Verlierer gelacht werden. Gäste aus dem Ausland werden schnell miteinbezogen und stolz Reitmonturen und Handarbeiten präsentiert.

Asado, auf dem Rost gegrillter Braten, fehlt bei keinem patagonischen Fest

Im Frühjahr feiern viele Orte den Tag des Einwanderers zur Erinnerung an die Siedler der ersten Stunde, die aus den verschiedenen Winkeln Europas und des Nahen Ostens nach Patagonien gekommen waren und das Land urbar machten.

OFFIZIELLE FEIERTAGE

Staatlich anerkannte Feiertage sind der 1. Januar *Neujahrstag, Karfreitag*, 1. Mai *Tag der Arbeit*, 25. Mai *Erste Nationalregierung 1810*, 20. Juni *Día de la Bandera* (Todestag von General Manuel Belgrano), 9. Juli *Unabhängigkeitstag*, 17. August *Todestag von General José de San Martín*, 12. Oktober *Día de la Raza* (Entdeckung Amerikas) sowie der 25. Dezember *Weihnachten*.

LOKALE FESTE UND VERANSTALTUNGEN

Februar

Fiesta del Atlántico Sur in Playa Union, Chubut. Strandfest mit Tauch-, Angler- und Schwimmwettbewerben. Am 19. und 20. Februar findet in Rawson das be-

MARCO POLO TIPS FÜR FESTE

1 Eisteddfod
Waliser mit Gedichten und Liedern im Wettstreit (Seite 29)

2 Encuentro de Titeres y Titireteros
Treffen der Puppenspieler aus ganz Patagonien (Seite 28)

3 Fiesta de la Lenga
Wettstreit der Holzarbeiter Feuerlands am Lago Escondido (Seite 28)

4 Fiesta del Tren de Trocha Angosta
Fest zu Ehren der Eisenbahn in Maiten (Seite 28)

5 Marcha Blanca – in Ushuaia
25 km Volkslauf auf Skiern für jedermann (Seite 29)

liebte Folklorefestival *Encuentro Norte-Sur* statt, auf dem neben örtlichen Trachtenvereinen auch Tanzgruppen aus dem Norden Argentiniens auftreten. Ebenfalls in Rawson *Fiesta de los Pescadores* am 28. Februar. Auf dem Fischerfest gibt es Gutes vom Grill.

Karneval in Ushuaia am 1., 6. und 7. Februar. *Fiesta del Calafate* mit interessanter Kunsthandwerksausstellung in Tecka, Chubut. Und ebenfalls vom 8. bis zum 10. Februar *Fiesta de Doma* mit Volkstanzgruppen und Tierschau in Sarmiento, Chubut. Die Einjährigen werden von mutigen Gauchos unter Applaus zugeritten.

Am 16. und 17. Februar wird in Maiten der kleinen patagonischen Eisenbahn zu Ehren gefeiert, ★ ⌾ *Fiesta del Tren de Trocha Angosta*. Es gibt Sonderfahrten mit historischen Holzwaggons.

März

Am Fuß des Nahuel Pan in den Patagonischen Anden feiern die Mapuche-Indianer jedes Jahr im März ihr *Camaruco*-Fest. Mit rhythmischen Tänzen zur Musik ihrer *trutrucas, pifilcas* und *cultrums* (indianische Flöten und Rhythmusinstrumente) erbitten sie von den Göttern ein gutes neues Jahr. Am Lago Escondido bei Ushuaia zeigen am 8. März die Holzfäller ihr Können auf der ★ ⌾ *Fiesta de la Lenga*. Tauziehen, Balancieren und andere Wettbewerbe stehen auf dem Programm.

Mai

10.–11. Mai: In Comodoro Rivadavia bei dem *Encuentro de Payadores Patagonicos* treffen Gauchosänger aus allen Landesteilen aufeinander. Im freundschaftlichen Wettstreit zitieren sie aus alten Gauchoepen.

Lustig geht es zu vom 16.–18. Mai auf dem Treffen der Puppenspieler ★ *Encuentro de Títeres y Titireteros*, in Trelew; eher besinnlich auf dem Schriftstellermeeting in Rada Tilly, Chubut.

Juni/Juli

Am 21. Juni wird in Ushuaia die längste Nacht des Jahres mit international renommierten Sängern und örtlichen Bands gefeiert. In der Nacht laufen Kinder und Erwachsene mit Fackeln die künstlich beleuchtete Skipiste herunter.

Im Juli lädt Ushuaia zum Schneemannbauen ein. Die besten werden prämiert.

August
Encuentro Provincial del Canto Improvisado. Am 10. August ist in Esquel Sängerwettstreit. ★ ⚲ *Marcha Blanca*, Skilanglaufrennen über 25 km in Tierra Mayor bei Ushuaia. Mitmachen kann jeder.

September
16.–21. September *Theatertreffen* in Trelew, Chubut; 20.–22. September *Skiwettkämpfe* in La Hoya, Chubut.

Oktober
★ *Eisteddfod* in Trelew. Auf dem walisischen Bardenfest leben alte Traditionen wieder auf. Gedichte, Chorgesänge und Lieder werden im freundschaftlichen Wettstreit vorgetragen. Höhepunkt ist die Krönung des Barden. Eine ländliche Handarbeitsausstellung gehört ebenso dazu.

Am 12. Oktober feiert Ushuaia mit großer Parade seinen *Geburtstag*, auch Segelregatten und Fußballturniere gehören zum Fest.

November
7. und 8. November *Fiesta Provincial del Caballo*, Pferdemarkt in Gobernador Costa, Chubut. 8.–10. November *Traditionstreffen* in Rawson mit folkloristischen Tänzen. 12. November *Fiesta de la Cerveza* in Ushuaia. So stellt man sich in Feuerland das bayerische Oktoberfest vor. In Trevelin am 10. November *Fiesta del Pilchero*, Sattlerfest mit typisch patagonischem Reitzeug, und *Encuentro Juvenil de Folklore* in Gaiman. Beide Feste werden hauptsächlich von Jugendlichen besucht.

Dezember
9.–17. Dezember Viehausstellung, traditionelle Tänze und Spießbraten auf der *Fiesta del Cordero* in Puerto Madryn. Am 13. Dezember Schafschererwettbewerbe auf der *Fiesta de la Esquila* in Alto Río Mayo, Chubut. Ebenfalls am 13. werden in Sarmiento die Einjährigen zugeritten.

Kräftemessen auf dem Fest der Holzfäller

Hochmoor, Fjorde und Gletscher

Am Ende der Welt wartet eine grandiose Landschaft

Sturm umtost den Granitfelsen Kap Hoorn, wo Pazifischer und Atlantischer Ozean so trutzig aufeinanderprallen, daß die Wellen meterhoch zusammenschlagen. Bedrohlich wachsen eisbedeckte Berge direkt aus dem Meer und beschatten Beaglekanal und Magellanstraße. Und in den tiefen Fjorden Südchiles, in der Cordillera Darwin, herrscht eine atemberaubende Stille, die nur durch das Krachen kalbender Gletscher durchbrochen wird.

Ushuaia auf Feuerland, die südlichste Stadt der Erde

Kaum ein anderes Reiseziel verbindet sich so sehr mit unserer Sehnsucht nach Abenteuer und Abgeschiedenheit in unberührter Natur wie das sagenumwobene Feuerland. Charles Darwin verfluchte die düstere Regi-

Hotel- und Restaurantpreise

Hotels

Kategorie 1: über 150 Mark
Kategorie 2: 70 bis 150 Mark
Kategorie 3: bis 70 Mark

Sofern nicht anders angegeben, bieten die Hotels Zimmer mit privatem Bad an. Die Preise gelten pro Nacht für ein Doppelzimmer mit Frühstück.

Restaurants

Kategorie 1: über 60 Mark
Kategorie 2: 25 bis 60 Mark
Kategorie 3: unter 25 Mark

Die Preise beziehen sich auf ein komplettes Menü mit Vorspeise, Brot, Hauptgericht, Nachtisch, Tischwein sowie Bedienungsgeld.

Wichtige Abkürzungen

Avda.	Avenida (Straße)
Bvad.	Bulevar (Boulevard)
Esq.	Esquina (Ecke)
Gdor.	Gobernador (Gouverneur)
Gral.	General (General)
Of.	Oficina (Lokal, Büro)
s/n	sin número (ohne Hausnummer)
P.	Piso (Stockwerk)

MARCO POLO TIPS FÜR FEUERLAND

1 Cabo de Hornos
Einwöchige Segeltour um das Traumziel aller Segler (Seite 42)

2 Café Latino
Eine lange Nacht mit lateinamerikanischer Musik und Poesie (Seite 39)

3 Estancia San Justo
Besonderes Feuerlandgefühl beim Leben auf der Schaffarm (Seite 48)

4 Isla de los Lobos
Mit dem Katamaran zur Seelöweninsel (Seite 35)

5 Parque Nacional Tierra del Fuego
Exkursionen durch den Nationalpark mit herrlichem Panorama (Seite 43)

6 Schlittenfahrt
Im Winter mit Huskies durch die unendlichen Wälder (Seite 39)

on und ihre Einwohner auf seiner Reise um die Welt 1832. Der Archipel zeigte sich ihm bedrohlich und lebensfeindlich und die Wassernomaden schienen nicht viel mehr als primitive Steinzeitmenschen zu sein. Die spröde Schönheit dieser einzigartigen Inselwelt blieb ihm verborgen, das rauhe Klima quälte ihn ebenso wie die Seekrankheit und er schwor, nie wieder in diesen abgelegenen Teil der Erde zurückzukehren. Auch andere Reisende hinterließen im Laufe der Jahrhunderte Berichte über den Süden des amerikanischen Kontinents, die in ihrer maßlosen Übertreibung weit von der Realität abwichen und eher zur Verwirrung als zur Information beitrugen. Feuerland liegt auf dem 55. Grad südlicher Breite. Das entspricht auf der Nordhalbkugel der Klimazone Dänemarks. Tatsächlich ist die Witterung in Feuerland auch gar nicht so hart wie allgemein angenommen wird. Mit winterlichen Temperaturen bis zu 20 Grad Celsius unter Null und bis zu 24 Grad Celsius im Sommer kann das Klima der südlichsten Provinz Argentiniens als gemäßigt gelten. An den Küsten erreicht die Temperatur im Winter ohnehin nur bis zu –4 Grad Celsius. Dieses kühle Klima erlaubte den ausgedehnten Hochmooren, auf eine Dikke von bis zu 10 Metern anzuwachsen. Dichte Südbuchenwälder bedecken den feuchten Süden Feuerlands, durchsetzt von gewaltigen Biberdämmen, Flüssen und Seen. Im Norden finden wir die patagonische Steppe und flechtenbehangene Baumgrüppchen in der Sprühregenzone. Die Vielseitigkeit der Landschaft spiegelt sich in der artenreichen Fauna Feuerlands wider: Im Süden des Beaglekanals Pinguine, Delphine, Seelöwen und Seevögel; in den Wäldern um Ushuaia Kaninchen, Biber, Füchse, Bisamratten und zahllose Vogelarten. Auf den Seen sind Enten und Gänse zu Hause und über die

Steppe im Norden ziehen Herden von Guanacos. Einst vom Aussterben bedroht, haben sich die Bestände dank eines rigorosen Jagdverbots wieder stark vermehren können.

Feuerland ist nur unzureichend erschlossen. Es gibt zwar eine Straße, die die wichtigsten Orte miteinander verbindet und auch zahlreiche Feldwege, die zu den Estancias führen, aber weite Teile der Provinz sind nach wie vor mit dem Auto nicht zu erreichen. Man greift auf das Pferd als Verkehrsmittel zurück oder legt weite Strecken mit dem Segelboot zurück. Größere Estancias verfügen außerdem über eigene Flugplätze und einen Helikopterlandeplatz.

Die Hauptorte Río Grande im Norden und Ushuaia im Süden haben internationale Flughäfen, die von Punta Arenas in Chile, Buenos Aires, Trelew, Bahía Blanca und Río Gallegos aus angeflogen werden. Der einzige Landweg nach Norden führt durch den chilenischen Teil Feuerlands und mit der Fähre über die Magellanstraße nach Patagonien. Zu Recht fühlen sich die Einwohner, *fueguinos* genannt, von ihren Landsleuten im Norden vergessen und vernachlässigt. Fast alle Verbrauchsgüter, selbst Obst und Gemüse, kommen aus dem Norden und müssen teuer bezahlt werden. Bei strengen Wintern sind die *fueguinos* oft tagelang vom Festland abgeschnitten. Flugzeuge können bei Scheesturm und schlechter Sicht auf der ohnehin zu kurzen Landebahn in Ushuaia nicht landen und Lastwagen kommen nicht über die verschneiten Anden. Den Ärger beschwichtigt die Nationalregierung mit einer 100%igen Gehaltszulage für alle, die die Herausforderung annehmen, am Ende der Welt zu leben. Das rauhe Klima und die oft widrigen Lebensumstände haben hier einen kauzigen, aber ausgesprochen herzlichen Menschenschlag geschaffen. *Fueguinos* bringt nichts so leicht aus der Fassung. Immer haben sie einen *Mate* parat, um ihn mit Besuchern zu teilen.

Kormorane nisten am wettergeschützten Beagle-Kanal

USHUAIA

Die südlichste Stadt der Erde liegt windgeschützt an der Bucht von Ushuaia am Beaglekanal. Die Andenkette mit dem markanten *Cerro Martial* rahmt sie im Norden hinreißend ein. Daß der Ort selbst leider sehr ungepflegt ist, sollte den Reisenden keinesfalls von einem Besuch in der 25000 Einwohner zählenden Stadt abhalten. Die Straßenführung erinnert an San Francisco, und so kann man sich nur wundern, was sich die Stadtplaner dabei gedacht haben, in einem Ort, der vier Monate lang im Jahr mit meterhohem Schnee zu kämpfen hat, Straßen mit einer Neigung von bis zu 60 Prozent zu bauen. Ein Damm trennt die Bucht von Ushuaia vom Binnensee *Bahía Encerrada*, an dessen Ufer sich die Blockhäuser der Marineoffiziere privilegiert gruppieren. In einer Stadt, die als Marinestützpunkt angelegt wurde, um den vermeintlichen Expansionsbestrebungen des Nachbarstaates Chile vorzugreifen, ist das Militär überall zugegen.

Im Hafen liegen Kanonenboote und Patrouillenboote der Küstenwacht, immer bereit, im Beaglekanal Präsenz zu zeigen. Im Osten thront die Marinestation mit den historischen Gebäuden des Gefängnisses für Schwerverbrecher. Um die Jahrhundertwende meinte man in Buenos Aires noch, Feuerland würde sich am besten als Niederlassung für Strafgefangene eignen. Der Mangel an Einwanderern einerseits und die große Zahl politischer Häftlinge andererseits, trugen ebenso wie die erfolgversprechenden Beispiele in Australien und Neukaledonien dazu bei, die Pläne der Regierung rasch in die Tat umzusetzen. Die Strafkolonie in Feuerland sollte nicht nur beweisen, daß es Argentinien mit der Inbesitznahme seiner südlichen Territorien ernst sei, sondern sie sollte auch weitere Einwanderer wie Händler, Handwerker und Bauern anziehen. Man wollte die Souveränität über den argentinischen Teil des Feuerlandarchipels auf Dauer gewährleisten. Und tatsächlich bildete sich auch bald um das Gefängnis herum eine kleine Siedlung von Beamten und Händlern. Die Ansiedlung der wenigen freigelassenen Häftlinge vergrößerte ebenfalls die Gemeinde. Im ganzen gesehen, konnte die Entwicklung den Erwartungen der argentinischen Regierung aber nicht gerecht werden. Das kleine Grüppchen Feuerländer blieb einfach zu unbedeutend. Gleichzeitig wurde das Gefängnis zu einem öffentlichen Ärgernis, berüchtigt für die unmenschliche Behandlung seiner Insassen. Viele Häftlinge starben an Lungenentzündung und Unterernährung, so daß sich die Regierung unter Präsident Péron im Jahre 1946 entschloß, dem ein Ende zu setzen und das Gefängnis kurzerhand zu schließen. Die alten Holzhäuser im Zentrum der Stadt, mit ihrer pittoresken Wellblechverkleidung, sind das Werk dieser Strafgefangenen. Nach der Schließung des Präsidiums kam es zu einem regelrechten Stillstand in der Bevölkerungsentwicklung. So stellen auch heute noch die Angehörigen der Streitkräfte mit ihren Familien gut die Hälfte der Einwohner.

Die weiteren Anwohner sind zum größten Teil Zugereiste aus dem Norden Argentiniens, aber auch aus Bolivien und Peru, die in der Fertigungsindustrie tätig sind. Japanische und deutsche Firmen lassen in Feuerland Videogeräte und Fernsehapparate montieren. Wie so oft in Lateinamerika wurde die Ansiedlung neuer Industriezweige durch Steuerbefreiung gefördert und dabei versäumt, Wohnungen für die Arbeitssuchenden zu bauen, die sich nun in ihrer Not Holz- oder Wellblechhütten zusammenzimmern, die nur ungenügend gegen Wetter und Kälte schützen. Das Stadtbild ist dadurch empfindlich gestört und auch den hygienischen Anforderungen können die Häuschen nicht gerecht werden. Die Provinzregierung sucht schon länger danach, die Mißstände zu beseitigen, und es bleibt zu hoffen, daß sie dem chaotischen Wachstum und der zunehmenden Verschmutzung der kleinen Stadt einen sozialen Wohnungsbau entgegensetzt. (C–D 23)

BESICHTIGUNGEN

City tour

Die Stadtrundfahrt beginnt im Zentrum Ushuaias, viele der alten Holzhäuser aus der Gründerzeit sind hier noch erhalten. Der Bus fährt weiter durch Hafen und Industriezone Ushuaias bis hin zur Forellenzuchtstation *Estación de Piscicultura* im Südosten der Stadt. Das freundliche Personal erklärt die interessanten Arbeitsabläufe und die Entwicklungsstadien der Fische. *15 $, Rumbo Sur, San Martín 342, Tel. 2 11 39*

Glaciar Martial

Über der Stadt, im Norden, thront der Gletscher Martial. Am besten von der Sesselliftstation (leider nicht mehr in Betrieb) aus zu Fuß zu erreichen. Herrlicher Rundblick über die Bucht von Ushuaia, den Beaglekanal und die vorgelagerten Inseln.

Isla de los Lobos

★ Ein ganz besonderes Erlebnis: Die Fahrt mit dem Katamaran zur Insel der Seelöwen, der Vogelinsel Isla de los Pájaros und dem alten Leuchtturm *Faro les Eclaireurs*. Kormorane, Seelöwen und Robben können aus nächster Nähe beobachtet werden. Die zweieinhalbstündige Fahrt kostet 30 $. *Rumbo Sur, San Martín 342, Tel. 2 11 39*

Pingüinera

So wird die Insel Martillo im Beaglekanal genannt, auf der im Sommer zahlreiche Magellanpinguine nisten. Ebenfalls mit dem Katamaran zu erreichen. Die ganztägige Exkursion wird mit einer Besichtigung der historischen Schaffarm *Harberton* und dem Besuch der Marineanlegestelle *Puerto Almanza* verbunden. *60 $, Avda. Maipú 237, Aventura Austral, Tel. 2 10 04*

Presidio

Nach Absprache mit dem Museum Ushuaias kann im Sommer das alte Gefängnis, *Presidio*, besucht werden. Bis 1946, als es wegen der unmenschlichen Zustände hinter seinen meterdicken Mauern geschlossen wurde, beherbergte es politische Gefangene und rückfällig gewordene Kapitalverbrecher. Das strahlenförmige Gebäude aus Basaltgestein

Presidio, das alte Gefängnis in Ushuaia

wurde 1902 von den Häftlingen selbst erbaut und sollte später so berüchtigt werden, das es sogar in den argentinischen Tangos besungen worden ist. *Presidio, Base Naval, Esq. Yaganes y San Martín*

MUSEUM

Museo del Fin del Mundo
Neben einer ausgezeichneten Vogelsammlung birgt das Museum am Ende der Welt interessante Jagd- und Kultgegenstände der Ureinwohner Feuerlands und zahlreiche Fotos aus der Zeit, als die Insel hauptsächlich Strafkolonie war. Auch Wrackteile gestrandeter Segelschiffe und Zeugnisse des Goldrausches um die Jahrhundertwende gehören zu den Schätzen des kleinen Museums. Wer anschließend noch etwas Zeit hat, sollte sich die Filme des deutschen Fliegers Günther Plüschow und des italienischen Missionars De Agostini zeigen lassen, die beide in den zwanziger Jahren Feuerland bereisten. *Mo–So 15–20 Uhr, Avda. Maipú 181*

RESTAURANTS

Auf keinen Fall sollte man sich die für Feuerland typischen, frisch gefangenen *Centollas* entgehen lassen. Die Königskrabbe wird in Ushuaia kalt, mit etwas Zitrone als Vorspeise, oder warm mit milden Saucen als Hauptgang gereicht.

Ein weiterer Höhepunkt für Feinschmecker: *Asado Fueguino*. Das gegrillte Lammfleisch ist ganz besonders würzig, denn es ist *présalé* (vorgesalzen): Die jungen Lämmer haben auf den Wiesen, dicht an der Meeresküste, bereits mit dem Futter Salz aufgenommen. Dieser Geschmack ist durch nichts nachzuahmen.

El Ideal
Früher war das alte Eckhaus Treffpunkt für Seeleute. Heute steht der Holzbau unter Denkmalschutz. Leider hat sich das auf die Preise ausgewirkt und die Pizza ist hier etwas teurer als in anderen Pizzerias. Die gute Stimmung im Lokal entschädigt dafür. *San Martín 391, Tel. 2 23 09, Kategorie 2*

Kaupé
Das kleine Restaurant im Wohnzimmer eines Einfamilienhauses ist noch ein echter Geheimtip. Feine Küche und gepflegte Atmosphäre mit Blick über die Stadt. Centollacrêpes mit Safransauce und Schweinemedaillons in Honig und mit gepfeffertem Apfelmus gehören zu den Lekkerbissen des Hauses. *Esq. Roca y Colon, Kategorie 1*

Moustacchio
Meeresfrüchte und Pasta bietet das an Italien erinnernde Restaurant in der Innenstadt. *Picada de mariscos* heißt die vollständige Platte mit Shrimps, Muscheln, Garnelen, Tintenfisch, gegrilltem Fisch und Napfschnecken. *Esq. San Martín y Godoy, Tel. 2 33 08, Kategorie 2*

Refugio Tolkeyen
Im Blockhaus hinter dem Hotel Tolkeyen wird das beste *Asado Fueguino* serviert. Direkt vom Kreuzspieß kommt das Fleisch auf einem kleinen Ofen auf den Tisch und wird immer wieder nachgereicht. *Ruta 3, Estancia Rio Pipo, Kategorie 3*

Tante Elvira
Etwas unscheinbar steht das kleine Holzhaus zwischen den Geschäften der Einkaufsstraße San Martín. Garantiert frische *Centolla* und erlesene Fischgerichte entschädigen für die einfache Einrichtung. Unbedingt vorbestellen! *San Martín 234, Tel. 2 19 28, Kategorie 1*

Volver
Das alte Haus aus der Gründerzeit ist mit Zeitungen aus der Jahrhundertwende tapeziert und mit allerlei antiken Geräten vollgestopft. Hier treffen sich vor allem junge Leute zum Essen. *Lomo con ciruela* (Filetsteak mit Pflaumensauce) und Pasta gehören zu den Spitzenreitern bei den Gästen. *Avda. Maipú 37, Tel. 2 32 89, Kategorie 2*

Gute Küche im Gründerzeit-Lokal Volver

HOTELS

Erst seit kurzem wird Feuerland für den Tourismus erschlossen. Die Übernachtungsmöglichkeiten kommen dem Boom noch nicht nach. Zwar sind in den letzten Jahren einige neue Hotels entstanden, die über moderne Einrichtungen verfügen. Trotzdem können sich aber selbst die besten unter ihnen nicht mit den Hotels in der Hauptstadt vergleichen. Oft fehlt es am Service und auch mit Fremdsprachen hapert es noch. Eine Alternative sind Privatunterkünfte. Die *Dirección Municipal de Turismo* vermittelt Zimmer mit Familienanschluß ab 15 $.

Albatros
Das große Hotel gegenüber dem Hafen ist frisch renoviert worden. 70 gemütliche Zimmer und 4 Suiten, viel Holz, internationale Küche im Hotelrestaurant, Hotelbar, Fernsehen und Video. *Avda. Maipú 505, Tel. 22504/5, Kategorie 1*

Antártida
Schlichtes Haus, etwas oberhalb des Stadtzentrums gelegen. 40 Zimmer, sehr gutes Hotelrestaurant. *Avda. San Martín 1600, Tel. 21807, Kategorie 3*

Cabo de Hornos
Auf 40 etwas kleineren Zimmern bietet das kleine Hotel im Zentrum ausreichend Komfort für einen kurzen Aufenthalt in Ushuaia. *Avda. San Martín Esq. Triunvirato, Tel. 22187, Kategorie 3*

Canal Beagle
Das Hotel des argentinischen Automobilclubs ACA liegt direkt neben dem Hotel Albatros. Sehr guter Service auf 60 Zimmern. Preisnachlaß für Mitglieder. *Avda. Maipú Esq. 25 de Mayo, Tel. 21117, 21118, Kategorie 2*

Tolkeyen
Das Hotel im Landhausstil liegt direkt am Beaglekanal auf der Estancia Rio Pipo, etwa 8 km vom Stadtkern entfernt in Richtung Nationalpark. Gemütlich eingerichtete 30 Zimmer. Busservice wird vom Hotel gestellt. *Ruta 3, Funktelefon über Red Costera (Küstennetz), Tel. 22114, Kat. 2*

Ushuaia
Herrschaftlich thront das neue Hotel über der Stadt. 60 Zimmer mit Blick auf die Berge oder über die Stadt und den Beaglekanal. Ein Restaurant sowie Sauna und Busservice. *Lasserre 933, Tel. 22024, Kategorie 1*

SPIEL UND SPORT

Im Sommer

Angeln
Bis zu 15 kg schwere Lachs- und Regenbogenforellen können in den kalten Flüssen und Seen Feuerlands gefangen werden – Touren zwischen 100 und 200 $. *Big Harbor Travel, San Martín 625, Tel. 22207*

Bergsteigen
Mit einer durchschnittlichen Höhe von 1300 m bieten die Andenausläufer einen mittleren Schwierigkeitsgrad für erfahrene Bergsteiger. Kraxeltouren auch für weniger erfahrene Kletterer organisiert *Caminante. 70 $, Gdor. Deloqui 368, Tel. 22723*

Kajaktouren
Fjorde und Seen um Ushuaia laden zu Ausflügen mit Kajak und Kanu ein. *70 $, Caminante, Gdor. Deloqui 368, Tel. 22723*

Mountainbike
Tolkeyen Servicios Turisticos organisiert Mountainbiketouren in den Nationalpark. Besonders interessant für Vogelfreunde. *50 $, 12 de Octubre 150, Tel. 22705*

Reiten

In Valle Tierra Mayor veranstaltet *Kilak Expeditions* ganztägige Reittouren in die Berge und Hochmoore. *60 $, Kuanip, Tel. 24099*

Segeln

Der Beaglekanal mit seinen zahllosen Untiefen und unerwarteten Fallwinden gilt als gefährliches Segelrevier. Die argentinische Küstenwacht gestattet daher keine Bootsvermietung an Touristen. Eine interessante Alternative ist das Chartern von Segelyachten mit erfahrenem Kapitän. An einem Tag kann man zur Insel der Seelöwen oder in die Buchten des Nationalparks segeln, 200 $, oder eine Zweitagestour nach Harberton oder Puerto Williams für 400 $ unternehmen. *All Patagonia, Avda. Maipu y 25 de Mayo Local 1 – Galeria Hotel Canal Beagle, Tel. 24432*

Trecking und Wandern

Jeden dritten Sonntag im Monat organisiert Ushuaias Wanderverein Ausflüge in noch wenig entdeckte Regionen. Die Teilnahme ist kostenlos. *Club de Los Amigos de la Montaña.* Die Touristeninformation gibt gern Auskunft über Treffpunkt und Abmarschzeit. Eine Alternative sind Treckingtouren unter kundiger Führung in den Nationalpark oder in die Berge. Die Touren können auch mehrere Tage dauern. Caminante, *Gdor. Deloqui 368, Tel. 22723*

Im Winter
Schlittenfahrt

★ Eine rasante Schlittenpartie mit sibirischen Huskies durch frostklirrende Wälder kann man für 60 $ bei *Tolkeyen Servicios Turisticos, 12 de Octubre 150, Tel. 22705*, buchen.

Skilanglauf

Auf den verschneiten Hochmooren im Norden Ushuaias kann man in den drei Wintersportzentren *Las Cotorras, Tierra Mayor* und *Haruwen* Skiausrüstungen und Motorschlitten leihen. Busservice wird von verschiedenen Reisebüros in Ushuaia angeboten, z. B. *Antartur, Hin- und Rückfahrt 10 $, San Martín 638, Of. 14, Tel. 23240*

AM ABEND

Café Latino

★ In dem alten Holzhaus treten freitags und samstags Liedermacher mit Chansons von Silvio Rodriguez, Maria Elena Walsh, Fito Paez und anderen lateinamerikanischen Dichtern auf. Das Programm beginnt erst um etwa 1 Uhr morgens und endet gegen 5 Uhr, kein Eintritt. *Esq. Gdor. Deloqui y Rivadavia*

Inselburg

Bierstube mit dem Charme eines Hexenhäuschens. Es gibt zwar nur Dosenbier, aber dafür ist die Aussicht über die Stadt und den Beaglekanal unbezahlbar. *Alem 966*

Tropicana

Zu Recht genießt der düstere Nachtclub einen zweifelhaften Ruf. Ehemals nur Seeleuten geöffnet, bietet das Tropicana meist nur drittklassige Tanzshows. Trotzdem lohnt es, nach dem aktuellen Programm zu fragen. Gerade im Sommer geben auch renommierte Tangosänger aus

Buenos Aires Gastspiele, die man nicht versäumen sollte. *Esq. Roca y Gdor. Paz*

AUSKUNFT

Direccion de Turismo de la Municipalidad
Freundliche Beratung in fünf Sprachen, auch Deutsch, in der Ladengalerie im Stadtzentrum. *Mo–Sa 9.30–20 Uhr, San Martín 660, Galeria del Jardín Local 20, Tel. 22089*

ZIELE IN DER UMGEBUNG

Estancia Túnel
Die kleine Farm liegt direkt am Beaglekanal, 14 Kilometer östlich von Ushuaia entfernt zwischen den Bergen *Cinco Hermanos* und *La Cloche*. Ihre einzige Verbindung zur Zivilisation ist ein schmaler Pfad, der über die bewaldeten Berge und am Strand des Beaglekanals entlang zur *Estancia Olivia*, am Stadtrand von Ushuaia, führt. Im Winter ist ihr einziger Einwohner, der chilenische Aufseher Don Ampuero, ganz auf sich allein gestellt, wenn der Schnee den Fußmarsch durch die Berge unmöglich macht. Wie so viele Farmen in Feuerland wird auch Túnel nicht mehr bewirtschaftet. Um die Jahrhundertwende stellten die Arbeiter in Túnel noch Fässer her, *toneles*, die der Estancia später in abgewandelter Form ihren Namen gaben. Heute gibt es andere Gründe, die idyllisch gelegene Farm zu besuchen. Seit 1974 finden am Strand von Túnel jeden Sommer archäologische Untersuchungen mit systematischen Ausgrabungen statt, die im Laufe der Jahre wertvolles Material zur Rekonstruktion der Lebensweise der feuerländischen Wassernomaden *Yámana* beigetragen haben. Zwischen Muschelschalen finden die Wissenschaftler auch Muschelmesser, Harpunenspitzen, Wal- und Seehundsknochen. So können sie detailgetreu nachvollziehen, wie sich die Diät der Ureinwohner im Laufe der Jahrhunderte zwangsweise vom Verzehr kalorienreicher Meeressäugetiere zum nackten Überlebenskampf durch Muschelsammeln wandelte. Außer des Besuchs der Fundstätten lohnt sich auch ein Ausflug zum 5 Kilometer weiter östlich gelegenen *Río Encajonado*, der sich tosend seinen Weg durch die Schlucht des *La Cloche* bis zum Strand des Beaglekanals bahnt. Die Wanderung nach Túnel und zum Río Encajonado ist leicht an einem Tag zu bewältigen. Der Ausflug beginnt im Osten Ushuaias in der Estancia Olivia. Von hier aus führt ein schmaler Pfad über die Felsen zunächst zum Strand *Playa Larga* und steigt von dort, deutlich sichtbar, in den Wald auf und endet nach 8 Kilometern im Tal der Estancia. Zum Río Encajonado sind es weitere 5 Kilometer. Unbedingt mit gutem Schuhwerk und Verpflegung versorgen. Frisches Trinkwasser findet man in den klaren Waldbächen. (D 23)

Gletscher der Darwinkordillere
Ein Erlebnis ganz besonderer Art ist ein Segeltörn zu den stillen Gletschern in den chilenischen Kanälen Feuerlands. *1 Woche 1600 $, Gdor. Paz 460, Of. 10, Tel. 21876.* (B–C 23)

Wer nicht gern segelt, kann eine siebentägige Fahrt an Bord

des chilenischen Kreuzfahrtschiffes *Terra Australis* zu den Gletschern Agostini, Garibaldi und Italia unternehmen. Landgänge an den Küsten Feuerlands, z. B. bei der Schaffarm Harberton und in der chilenischen Marineniederlassung Puerto Williams, auf der Insel Navarino, erlauben Einblicke in den Tagesablauf der Einheimischen. Die Kreuzfahrt beginnt samstags in Ushuaia und endet entweder mittwochs in der chilenischen Stadt Punta Arenas oder, als Hin- und Rückfahrt, wieder samstags in Ushuaia (Abfahrten von September bis März). *Akawaia Viajes y Turismo, Gdor. Deloqui 605, Tel. 2 24 85,* je nach Kabinenlage zwischen 2.500 $ und 3000 $ für eine komplette Woche. (A–C 21–23)

Harberton

Die älteste Schaffarm Feuerlands, 1886 von dem englischen Missionar Thomas Bridges aufgebaut, erstreckt sich über vier Berge, drei große Flüsse, zahlreiche Seen und Hochmoore und zählt trotzdem nicht einmal zu den größten Estancias der Insel. Hier wird noch hauptsächlich Handarbeit verrichtet. Ein echter Höhepunkt ist die Schafschur im Frühjahr. Das alte, englische Farmhaus besitzt den Charme eines gepflegten Pastorats und beherbergt außerdem ein kleines Museum mit Indianerwerkzeugen wie Faustkeilen und Harpunen aus der Zeit, in der die Farm noch hauptsächlich Feuerlands Ureinwohner beschäftigte. Neben dem Haupthaus kann

Traum aller Segler: Umrundung von Kap Hoorn

man in der kleinen Teestube hausgemachten Kuchen und Brot mit Marmelade, ebenfalls aus eigener Herstellung, verzehren. Harberton ist über die Ruta 3 nach Norden und ab Rancho Hambre Richtung Süden über die Ruta j zu erreichen. Eintritt 6 $. Bustouren bei *Rumbo Sur, Avda. San Martín 342, Tel. 2 11 39*, für 30 $ inklusive Eintritt und Führung auf der Farm. (D 23)

Cabo de Hornos – Kap Hoorn

★ 55°58'30" südliche Breite und 67°17'westliche Länge – das ist die Position des magischen Kap Hoorns. Traum aller Segler: den Felsen zu umrunden, an dem Pazifik und Atlantik aufeinanderprallen. *Einwöchige Segelfahrt, 1600 $, Ksar Expeditions, Gdor. Paz 460, Of. 10, Tel. 2 18 76.*

Wer nicht soviel Zeit hat, kann die südlichste Insel Amerikas auch überfliegen. Eine halbe Stunde Flug kostet beim *Aeroclub Ushuaias 30 $*. Alle Reisebüros vermitteln Rundflüge. (D 24)

Lago Escondido und Lago Fagnano

Über die Ruta 3 Richtung Rio Grande gelangt man in Feuerlands Seengebiet. Der Weg führt durch die Berge und Hochmoore des Landesinneren. Herrlicher Ausblick auf beide Seen am *Paso Garibaldi*. Mit einer Tiefe von bis zu 200 Metern eignen

Sumpflandschaft im Nationalpark Tierra del Fuego

sich die dunklen Seen hervorragend zum Fischen. Übernachtungsmöglichkeiten: *Hosteria Petrel am Lago Escondido, Tel. 2 14 21 und Hosteria Kaiken am Lago Fagnano, kein Telefon.* (D 22)

Parque Nacional Tierra del Fuego

★ Auf einer Gesamtfläche von 63 000 Hektar bietet Feuerlands Nationalpark neben Bergketten, Hochmooren, Gletschern, Flüssen und tiefen Tälern auch felsige Meeresküste und verbindet auf diese Weise verschiedene Biotope auf engstem Raum. An der Küste tummeln sich flugunfähige Dampferenten *(pato vapor no volador)*, vier verschiedene Arten von Wildgänsen *(cauquenes blanco, común, cabeza colorada* und *cabeza gris)*, Austernfischer, Sturmvögel, Albatrosse, Seelöwen und *chungungos* (Verwandte der europäischen Seeottern). Nur wenige Meter von ihnen entfernt haben Biber gewaltige Dämme gebaut und Bisamratten die Wälder unterhöhlt. Wie die Wildkaninchen wurden auch sie in Feuerland eingeführt und richten Schäden an, deren Tragweite noch nicht abzusehen ist.

Zu den einheimischen Tierarten gehören Guanacos, Rotfüchse, Greifvögel, sogar Kondore sind darunter, und die vielen kleinen Waldvogelarten, wie etwa Schwarzspechte und *cotorras*, lärmende grüne Sittiche.

Das Klima ist mild und lädt zum Wandern ein. Auf den gut ausgeschilderten Wegen des Nationalparks gelangt man kurz nach dem Eingang in die malerische *Ensenada*-Bucht. Herrlicher Panoramablick auf die Eilande *Redonda* und *Estorbo* sowie auf die Küsten der chilenischen Inseln *Hoste* und *Navarino* im Süden des Beaglekanals. Einen Überblick kann man sich von der Aussichtsplattform *Punto Panorámico* aus verschaffen.

Weiter führt der Weg dann zum *Lago Roca*, an dessen Nordufer es einen kaum sichtbaren Wanderweg durch dichte Südbuchenwälder gibt, der wunderschöne Blicke auf den See und den *Cerro Condor* freigibt, der seinen Gipfel im Süden erhebt. Die Straße endet schließlich in der weiten *Bahia Lapataia*, in der noch zahllose Muschelhaufen zu sehen sind. In ihnen kann man finden, was die Feuerlandindianer einst benutzten und wegwarfen: Knochenspielzeug, defektes Werkzeug, Walknochen, Steinabschläge und natürlich Muschelschalen.

Im Park gibt es außerdem einen hervorragend beschilderten Weg, der an den verschiedenen Baumarten: *Ñire, Canelo, Leña dura, Notro, Lenga* und *Guindo* vorbei zur schwarzen Lagune führt. Die *Laguna negra* ist ein dunkler Moorsee, der nach und nach zuwächst. Rote und gelbe Moose geben dem Moor eine leuchtende Farbe. Hier findet man auch den rundblättrigen Sonnentau, *Drosera*.

Ausflüge mit dem Bus in den Nationalpark organisiert *Rumbo Sur (Avda. San Martín 342, Tel. 2 11 39 für 18 $)*. Die Exkursion kann mit einer Katamaranfahrt zur Insel der Kormorane und Insel der Seelöwen verbunden werden, Zusatzkosten 30 $. Wer gern wandert, kann auf den Busservice *Pasarela* zurückgreifen, 10 $. Abfahrtszeiten im Touristenbüro erfragen. (C 22–23)

Península Mitre

Die noch größtenteils unerschlossene Halbinsel im äußersten Osten Feuerlands birgt außer einer großartigen unberührten Landschaft auch Geheimnisse und Legenden. Antike Schiffswracks zieren die Küste, und verlassene Holzhütten erzählen von der Zeit der Robbenschläger und Schmuggler im letzten Jahrhundert, als französische Seeleute die Halbinsel als geheimen Schlupfwinkel nutzten. Auch auf die verlassenen Hütten der Selk'nam Indianer stößt man, hier und da versteckt im Unterholz. Am Strand tummeln sich Seelöwen, auf der hügeligen Steppe äsen Guanacos, und im Wald kann man mit etwas Glück in der Dämmerung Bibern bei der Arbeit zusehen. Das 5000 Quadratkilometer umfassende Gebiet ist allerdings nur zu Pferd oder zu Fuß zu bereisen. Wer die Wanderung zu Fuß bewältigen möchte, sollte etwas Zeit mitbringen (15 Tage) und eine komplette Campingausrüstung, inklusive Verpflegung, mit auf die Tour nehmen. Eine Alternative bietet *Viajes Cynsa (Viamonte 610, P. 1°, Buenos Aires, Tel. 3 22 46 30)*. Die einwöchige Exkursion beginnt auf der 200 Kilometer von Ushuaia entfernten Estancia Yrigoyen zu Pferd bis zur *Bahía Thetis* an der Atlantikküste. Von hier aus wird die Reise mit dem Segelboot fortgesetzt, und erst am äußesten Ende der Halbinsel angelangt, geht es mit dem Pferd zurück zur Estancia Yrigoyen, 6 Tage 2250 $. (E–F 22–23)

Puerto Williams

Der chilenische Militärstützpunkt auf der Insel Navarino, gegenüber von Ushuaia, ist auf stattliche eintausend Einwohner angewachsen. In vorwiegend gelben Holzhäuschen leben Fischer, Handwerker und Angehörige der stationierten Soldaten. Zu den Sehenswürdigkeiten zählt das liebevoll eingerichtete *Martin-Gusinde-Museum*, das der Arbeit des deutschen Missionars unter den Feuerlandindianern gewidmet ist. Eine Fotoausstellung zeigt kultische Feste und tägliches Leben der Wassernomaden. Zu den Ausstellungsstücken zählen außerdem Faustkeile, Muschelmesser, Pfeilspitzen und andere Gegenstände des damaligen täglichen Bedarfs.

Etwa 5 km außerhalb der Ortschaft in Ukika wohnen noch einige Yamana-Indianerinnen. Sie leben vom Verkauf traditionell hergestellter Rindenkanus in

Pan de Indio

An vielen Baumstämmen in Feuerland sieht man geschwulstige Auswüchse, hervorgerufen durch den parasitären Darwinpilz (Cyttaria darwinii). Das Fadengeflecht der Pilze ruft im Holz chaotisches Wachstum hervor, das an Knoten erinnert und von den Einheimischen nudo genannt wird. Die Feuerlandindianer nannten den Pilz *llao-llao* und verzehrten seine tennisballgroßen Früchte, um auf der Jagd ihren Durst zu löschen, daher der Name *pan de indio*, Indianerbrot.

Miniatur und kunstvoll geflochtenen Körbchen aus Gräsern.

Ein weiterer Höhepunkt ist der Besuch des Yachtclubs. Der Anleger und gleichzeitig das Clubhaus ist ein abgewrackter Donaudampfer, die *Micalvi*. Einst mit einer Ladung Waffen nach Chile geschickt, blieb das deutsche Schiff im Dienst der chilenischen Marine, bis es nicht mehr seetüchtig war.

Das kleine Fischerdorf *Camarones* erreicht man über die einzige Straße in Richtung Osten. *Turísmo Navarino* in der Einkaufspassage vermittelt Mietwagen oder Exkursionen.

Übernachten kann man in der *Hosteria Wala*, 5 km vom Hafen entfernt, idyllisch an einem Fluß gelegen. Zweimal wöchentlich organisiert *Aventura Austral* Fahrten mit dem Katamaran von Ushuaia nach Puerto Williams und zurück, *59 $, Avda. Maipú 210, Tel. 21004.*

Von Puerto Williams fliegt unregelmäßig ein Flugzeug nach Punta Arenas in Chile. Die Flugroute führt über die atemberaubenden Gletscher der Darwinkordillere. (D 23)

Staateninsel

Einst von zahllosen Robbenschlägern und Walfängern als Schlupfwinkel benutzt, liegt die Staateninsel heute beinahe unbewohnt im Osten Feuerlands. Die dicht bewaldete Insel beherbergt zahlreiche nur hier vorkommende Pflanzenarten und bietet eine wild-herbe Landschaft in verwinkelten Buchten. Zweiwöchige Törns an Bord einer Segelyacht kosten 3000 $. *Ksar Expeditions, Gdor. Paz 460, Of. 10, Tel. 21876*

RIO GRANDE

Im Norden der Isla Grande von Feuerland ist das Land flach, wie an der Patagonischen Küste. Der kalte Südwestwind fegt ungehindert über die karge Steppe und wirbelt in der kleinen Hafenstadt den Staub durch die breiten Straßen. Oft ist der Ort wie menschenleer. Bei Orkanböen trauen sich die 23000 Einwohner kaum aus dem Haus, nur wer zur Arbeit muß, fährt langsam zwischen den flachen Häusern durch die Stadt. Man lebt von der Auto- oder Elektronikindustrie, der Arbeit auf den Ölbohrtürmen im Norden Río Grandes oder auf dem riesigen Schlachthof im Süden der Stadt. Die Steppe ist allenfalls zur Schafzucht zu gebrauchen. Aber auch hier gehen die Gewinne seit dem Bau des Panamakanals rapide zurück. Die Transportkosten für die Rohwollballen steigen ins Unermeßliche. Gleichzeitig fehlt es an den teuren Waschanlagen, die wertvolle Nebenprodukte, wie etwa das teure Wollfett, aus der Wolle zurückgewinnen könnten. Die riesigen Ländereien werden heute nicht mehr voll bewirtschaftet, die Gebäude verfallen und der Glanz der schönen alten Farmhäuser verblaßt langsam. Trotzdem ist der Stolz der Schafzüchter ungebrochen. Schafschurfeste erinnern an die Erfolge alter Zeiten. Auf der *Estancia María Behety* steht noch heute der größte Schurstall der Welt. Fünfzig Scherer können hier gleichzeitig arbeiten, 5000 Schafe finden Platz in der riesigen Halle. Man denkt in Dimensionen, die in Europa völlig unbekannt sind. (D 21)

BESICHTIGUNGEN

Estancia Maria Behety
Über die Ruta C gelangt man auf die 1898 gegründete Schaffarm María Behety. Auf 200 000 Hektar Gesamtfläche bietet sie den Schafrassen *Herefords* und *Corriedale pedigrees* Weidefläche. Auch die Zucht von Vollblütern gehört zu den Aufgaben der Peones. *Tecni Austral, Rivadavia 996, Tel. 22885 (D 21)*

Planta Petrolera Total
Vor der Küste Feuerlands, im Norden Río Grandes, wird seit einigen Jahren erfolgreich nach Erdöl gebohrt. Die französische Firma »Total« betreibt hier einen Förderturm und ein kleines Hotel für ihre Arbeiter und Besucher auf der Estancia *Cullen*. Die Ölfelder können besichtigt werden. *Yaganes Turismo, San Martín 641, Tel. 21421 (D 21)*

MUSEEN

Centro Histórico Documental
Dokumenten- und Fotosammlung zu verschiedenen Themenbereichen: Ureinwohner, Schafzucht, Goldrausch in Feuerland und Siedlungsgeschichte. *Esq. Lasserre y Estrada, Tel. 23389*

Misión Salesiana
Die ehemalige Missionsstation des Salesianerordens beherbergt heute eine Landwirtschaftsschule. Auf Wunsch kann das kleine Museum in der Kapelle besucht werden, das wichtige Dokumente aus der Zeit der Missionstätigkeit unter den Selk'nam und Werkzeuge der Nomaden enthält. Die alte Kapelle wurde 1897 gebaut. 10 km von Río Grande entfernt über die Ruta 3 nach Norden zu erreichen. Hinter der Kirche liegt der Friedhof mit zahlreichen Indianergräbern. (D 21)

RESTAURANTS

El Trebol
☆ Bei jungen Leuten beliebtes Lokal. Pizza, Pasta und empfehlenswerte Fleischgerichte. *Avda. Belgrano 319, Kategorie 3*

Villa
Gute Küche im kleinen Gasthof im Stadtzentrum. *San Martín 277, Kategorie 2*

HOTELS

Atlántida
Glaskastenbau aus den siebziger Jahren. Zimmersafe, Fernsehen, Video, Restaurant, Bar. *Avda. Belgrano 582, Tel. 2592, Kategorie 1*

Federico Ibarra
Einstöckiges Haus im Zentrum. Fernsehen, Restaurant und Bar. *Rosales 357, Tel. 21619, Kategorie 2*

Isla del Mar
Direkt am Strand liegt das kleine Hotel im Landhausstil. Restaurant und Bar, 32 hell eingerichtete Zimmer, *Güemes 963, Tel. 21518, Kategorie 1*

Villa
Einfaches, aber gepflegtes Gasthaus im Zentrum. *San Martín 277, Tel. 22312, Kategorie 3*

SPIEL UND SPORT

Angeln
In den klaren Flüssen um Río Grande finden Angler herrliche

Plätze. Regenbogen- und Bachforellen bis zu 13 kg sind schon erbeutet worden. Ausflüge mit erfahrenen Fremdenführern, einschließlich Ausrüstung und Transport, bietet *Yaganes Turismo, San Martín 641, Tel. 2 14 21*

AM ABEND

Casa de la Cultura

Im Kulturzentrum Río Grandes wird Gutes geboten. Unbedingt nach dem aktuellen Theaterprogramm fragen. *El Cano 203*

El Castillo del Puerto

Tanzcafé. Hier treffen sich ab 22 Uhr auch die Einheimischen zum Plaudern und Tanzen. *Padre Beauvoir 753*

La Rambla

Tagsüber Café, abends Tanzbar. *Confiteria bailable. Esq. Avda. Belgrano y El Cano, Tel. 2 13 39*

AUSKUNFT

Instituto Fueguino de Turismo

Das kleine Informationsbüro befindet sich im Erdgeschoß des Hotels Federico Ibarra, *Mo–Sa 10–13 und 16–20 Uhr, Rosales 357*

ZIELE IN DER UMGEBUNG

Cabo San Pablo

Einer der schönsten Wege Feuerlands führt von Río Grande nach Cabo San Pablo an die Atlantikküste. 60 km südlich von Río Grande schlängelt sich die Seitenstraße a durch das Farmland der Estancias *Tepi, Rolito, Inés, Pirinaica* und *San Pablo*. Vorbei an Farmhäusern, Rapsfeldern und weidenden Schafen nähert sich die Straße über sanfte Hügel und durch lichte Wäldchen der Steilküste. Cabo San Pablo liegt zwischen den fischreichen Flüssen *Ladrillero* und *San Pablo* (Sportfischen ist gestattet). Hier wächst auch die seltene, schwarzgeäderte Orchidee *Chloraea magellanica*. Leider wird die etwa 30 cm hohe Pflanze zunehmend durch weidende Schafe bedroht. Übernachtungsmöglichkeiten bietet das Motel von San Pablo direkt an der Küste. Aber Vorsicht! Das Kap ist bei Feuerländern äußerst beliebt. Unbedingt vorher durch ein Reisebüro in Río Grande anmelden. (E 22)

El Páramo

Während die Siedler im Süden noch ein kärgliches Dasein fristeten, ließen sich im Norden Feuerlands die ersten Goldsucher nieder. Rauhe Gesellen, die die Behörden in Ushuaia ignorierten und nach ihren eigenen Gesetzen lebten, wuschen in der Bucht von San Sebastián Goldklümpchen aus den Schwermetallsanden. Bis 1887 sollen sie den sturmumtosten Stränden um die 600 Kilo Gold abgerungen haben. Bei einer Ausbeute von einem Pfund Gold pro Tag erschöpften sich die Vorkommen jedoch rasch. Bereits um 1900 verließen die letzten Goldsucher die Insel. Am Páramo, einer Landzunge, die die Bucht im Norden begrenzt, lag das Hauptquartier des wohl berüchtigsten unter ihnen, Julius Popper. Der rumänische Ingenieur unterhielt eine Schutztruppe in Feuerland und prägte seine eigenen Münzen und Briefmarken (auf Wunsch im Museo del Fin del Mundo zu besichtigen). Von seinen groß angelegten Goldwaschanlagen am Páramao ist heute allerdings kaum noch etwas erhalten. Lediglich ein paar verlassene Geräte und, etwas weiter vom Strand entfernt, ein verfallener Goldgräber-Friedhof erinnern an die Zeit seiner Abenteuer. Trotzdem verbreitet der Ort auch heute noch eine ganz eigene Romantik mit wilden Kontrasten zwischen dem rötlichen Felsgestein und dem grünblauen Meer, eingeschlossen von der grauen, steinigen Landzunge Páramo mit dem kleinen Leuchtturm an der Südspitze. Mit dem Mietauto gelangt man von Río Grande aus über die *Ruta 3* nach Norden, zunächst in die Bucht von San Sebastián. Am Nordende der Bucht verzweigen sich mehrere Straßen, die zu den verschiedenen Ölfeldern führen. Die Abzweigung nach Osten nehmen: *Península de el Páramo*. Übernachtungsmöglichkeit im Motel von San Sebastián. (C 20–21)

Estancia San Justo

★ Wer einmal richtig am Farmleben teilnehmen möchte, kann die Schaffarm *San Justo* besuchen. Über die Ruta b nach Westen gelangt man durch die hügelige Steppe zunächst zur Estancia *San José* und nach weiteren 2 km Fahrt auf die gewünschte Farm. Neben der Schaf- und Pferdezucht betreiben die Besitzer noch ein Sägewerk. Das Haupthaus bietet acht Gästen Unterkunft in gemütlicher Atmosphäre mit Familienanschluß. Auf ausgedehnten Ausritten können Guanacos, Biber und eine Vielzahl von Vögeln beobachtet werden. Die Flüsse *Grande* und *Menéndez* sind reich an Forellen und schließlich kann der Gast bei allen anliegenden Arbeiten zusehen oder mithelfen. Anmeldungen in Reisebüros oder direkt bei *María Cristina Mitrovich, Thornes 778, Tel. 24 91 (C 22)*

Lago Yehuin

Überraschend anmutig gibt sich Feuerland am Ufer des Sees *Yehuin*. Lichte Auenwälder, kleine Moore und im Süden die Andenausläufer rahmen die zahlreichen Buchten am Südufer ein und schützen die Region vor dem scharfen Südwind. In der Seemitte bieten Vogelfelsen gute Beobachtungsmöglichkeiten.
Auf der Isla Guanaco finden sich im Winter Guanacos zusammen, wenn der See im Juni und Juli zufriert. 60 km von Río Grande entfernt über Ruta f und h zu erreichen. Übernachtungsmöglichkeiten im Gasthaus am See. *Tecni Austral, Rivadavia 996, Tel. 22 8 85* (D 22)

Punta Arenas

Die elegante Kolonialstadt, Knotenpunkt der internationalen Schiffahrt in der Magellanstraße, liegt im Süden Chiles, am Fuß der Andenkordillere. Ihre 98 000 Einwohner leben von einer wiedererstarkten Fischindustrie, dem Steinkohlebergbau und vor allem natürlich von Punta Arenas Hafen. Die chilenische Regierung hatte 1843 dem Ergebnis der diplomatischen Verhandlungen mit dem Nachbarstaat Argentinien vorgegriffen und die Magellanstraße kurzerhand besetzt. Eine Festungskolonie, Fort Bulnes, wurde gegründet, und als sich herausstellte, daß sie auf sandigem, unfruchtbarem Boden gebaut war, weiter nach Norden an die Mündung des Río Carbón verlegt. Nun hieß sie Punta Arenas und entwickelte sich bald, als einziger Hafen der Magellanstraße, zu einer prosperierenden Kleinstadt. Die große Nachfrage der Schiffahrt an Versorgungsgütern erlaubte einen regen Handelsbetrieb, die Steinkohlevorkommen in der Nähe der Küste fanden ihren Abnehmer in der Dampfschiffahrt, und mit dem Eintreffen kleinerer und größerer Gruppen von europäischen Einwanderern, wie Engländern, Deutschen, Schweizern und Franzosen, wuchs auch das Dienstleistungsgewerbe außergewöhnlich. Der Aufstieg der Hafenstadt war nicht mehr aufzuhalten. Die Stadtpaläste der einstigen Großgrundbesitzer erzählen vom Luxus der frühen Jahre. Der schönste, *Palacio Mauricio Braun Menéndez*, steht heute als Museum Besuchern offen. Möbel aus erlesenen indischen Hölzern gehören ebenso zur Einrichtung wie feinstes englisches Porzellan, italienischer Marmor und orientalische Teppiche *(geöffnet Di–So 11–16 Uhr, zwischen den Straßen Roca und Pedro Montt an der Avda. H. de Magallanes)*. Der interessanteste Weg in den Hafen führt über die Küstenstraße *costanera*. Hier liegen noch einige antike Schiffe vor Anker, die den Hafenarbeitern als Pontons dienen. Wer auf dem Rückweg über die breite, von ausladenden Araukarien bestandene *Avda.* ✹ *Independencia* bis zur Skipiste aufsteigt, wird mit einem atemberaubenden Panoramablick über die Stadt, die Magellanstraße und die Nordküste Feuerlands belohnt. Von Punta Arenas aus kann man außerdem Exkursionen zum historischen Fort Bulnes (60 km entfernt) und in den nahen Naturpark *Reserva Nacional Laguna Parrillar* (40 km entfernt) unternehmen, der zwischen bewaldeten Hügeln und Seen herrliche Blicke auf die Magellanstraße freigibt. Beide liegen südlich der Stadt auf der Halbinsel Brunswick.

Punta Arenas verfügt über zahlreiche gute Hotels und Gaststätten im Stadtzentrum. Zu den besten gehören *Hotel Los Navegantes (Esq. Chiloe y José Menéndez, Kategorie 1)*, und die eleganten Restaurants (formelle Kleidung erwünscht) *Cabo de Hornos (Esq. Pedro Montt y 21 de Mayo)* und *Club de Unión (Esq. Nogueira y Pedro Montt, beide Kategorie 1)*. Spitzenreiter bei Einheimischen ist das etwas einfachere Speiselokal ✪ *Sotitos Bar* am Hafen, *Esq. Costanera y Errazuriz, Kategorie 2.*

Von Río Grande aus kann man auf dem Landweg über die Ruta 3 zunächst zum Grenzübergang San Sebastián fahren, 79 km nach Nordwesten und anschließend weitere 130 km im chilenischen Teil Feuerlands bis nach Puerto Porvenir zurücklegen. Hier fährt zweimal am Tag die Fähre nach Punta Arenas. Leider gestatten argentinische Autovermietungen nicht, daß man mit dem Leihwagen das Land verläßt. Alternative: das Ausflugsangebot von *Tecni Austral (Rivadavia 996, Tel. 22885*, etwa 60 $). Wer die Magellanstraße nicht überqueren möchte, kann mit *Kaiken Líneas Aéreas* in einer sechssitzigen Maschine nach Punta Arenas fliegen. Buchungen in jedem Reisebüro. Flug auch von Ushuaia aus möglich. (A 21)

Schauplatz zweier Welten

Das Tierparadies an der Küste, aber auch die trockene Steppe im Landesinneren werden geschützt

Patagoniens Küste ist rauh und spröde. Sie enthüllt ihre Reize erst auf den zweiten Blick. Die Luft ist trocken und im Sommer so klar, daß die gelben Farbtöne der Steppe zu leuchten scheinen und sich dramatisch vom Blaugrün des Atlantiks abheben. Zunächst scheint die wüstenhafte Gegend lebensfeindlich. Beim näheren Hinsehen zeigt sich jedoch, daß sie eine faszinierende Tierwelt beherbergt, die einzigartig auf der Welt ist.

Wo sonst treffen Steppenbewohner wie Guanacos, Gürteltiere, Pampashasen und Rotfüchse auf subantarktische Meeressäuger und Seevögel aller Art?

Die argentinische Regierung schützt dieses ökologische Wunderland in zahlreichen Naturschutzgebieten und Tierreservaten. Der Erfolg ist schon heute abzusehen. Guanacoherden streifen sorglos über die Halbinsel Valdés und können sich im Schutzgebiet ungestört vermehren. Auch die *Ñandus*, kleine Straußenvögel, waren einst vom Aussterben bedroht. Schon die Ureinwohner, die Tehuelche Indianer, jagten sie mit ihren *boleadoras*, die sie kunstfertig nach den Tieren warfen. Ein ganz anderer Vogel wurde von den Matrosen Magellans, Drakes und anderer großer Seefahrer jahrhundertelang erbeutet und zu Tran verkocht: der Pinguin. Inzwischen hat sich die Population merklich erholt. Das Naturschutzgebiet Punta Tombo, 220 Kilometer südlich von Trelew an der Atlantikküste gelegen, beherbergt heute wieder Millionen der geselligen Vögel und ist damit zur größten Pinguinkolonie außerhalb der Antarktis angewachsen.

Magellanpinguine auf der naturgeschützten Landzunge Punta Tombo

Die Strände Patagoniens werden von dem kalten, aber außerordentlich planktonreichen Falklandstrom gebadet. Dieses ständige Nahrungsangebot lockt Fischschwärme an, die ihrerseits beliebte Beute für größere Jäger sind. So tummeln sich im windgeschützten Golf von San José Hunderte von Delphinen. Oft genügen die Clownerien eines einzigen, um alle anderen mitzu-

MARCO POLO TIPS FÜR DIE PATAGONISCHE KÜSTE

1 **Museo Paleontológico Egidio Feruglio**
Saurierskelette und vollständig versteinerte Saurierеier (Seite 55)

2 **Peninsula Valdes**
Naturreservat im Norden von Puerto Madryn (Seite 57)

3 **Puerto Madryn**
Quirliger Badeort mit Flair (Seite 60)

4 **Puerto Pirámides**
Taucherparadies und Bootsfahrt zu den Walen (Seite 57 und 61)

5 **Punta Tombo**
Millionen von Magellanpinguinen brüten auf dieser Landzunge (Seite 58)

6 **La Robla**
Ziegenbraten und Wildschweingerichte in Trelew (Seite 56)

reißen, und dann beginnt der Tanz auf dem Wasser. Majestätische Seelöwenmännchen bewachen ihren Harem in *Punta Píramide* und versuchen, die Herde vor den Angriffen der hungrigen Schwertwale zu schützen. Diese kreisen vor der Küste und wagen sich sogar bis zum Strand vor, um Beute zu machen.

Etwas stiller geht es im extremen Norden der Halbinsel Valdés zu. In *Punta Norte* sonnen sich die See-Elefanten in der weltweit einzigen Festland-Kolonie. Ein Höhepunkt ganz besonderer Art ist ein Besuch bei den südlichen Glattwalen in Puerto Píramide. Mit kleinen Booten kann man unter kundiger Führung die kolossalen Bartenwale bei der Brautwerbung und späteren Aufzucht der Jungen beobachten. Englische Walfänger nannten die riesigen Säugetiere *Right Whales* – was soviel bedeutet wie der richtige Wal für den Fang. Ihr Vorrat an Tran schien unerschöpflich; die elastischen Hornplatten ihrer Barten dienten als Stangen für Korsetts und Sonnenschirme. Die Zeit des massenhaften Schlachtens ist vorbei und langsam erholen sich die Bestände. Jedes Jahr suchen Hunderte von Walen die abgeschiedene Küste Patagoniens wieder auf, denn hier droht für sie keine Gefahr mehr.

August bis März ist die beste Zeit, den Tierkolonien an der patagonischen Küste einen Besuch abzustatten. Danach beginnt für viele die Zeit der Winterwanderung gen Norden. Die Wale ziehen sich bereits im November zurück. Wenn die Ausbildung der Jungen beendet ist, kehren sie zurück aufs offene Meer.

Die Steppe mit ihrem spärlichen Bewuchs an Pampasgras und hartem Buschwerk wie der dornigen *Mata laguna* und *Quilembai,* kleinen patagonischen Pfirsichbäumen und zahlreichen Wildblumen wie der gelben Katzenkralle, leidet unter chronischem Wassermangel und heftigen Stürmen. Die Winde, von einem Tiefdruckgebiet über der argentinischen Pampa erzeugt, das Luftmassen des Südpazifiks anzieht, erreichen nicht selten Orkanstärke. Die wenigen Wolken, die sich nicht an den Anden abgeregnet haben, kommen erst über dem Atlantik zum Stehen und geben dort, völlig nutzlos, ihre Wassermassen ab.

Wie in alten Wildwestfilmen fegen vom Sturm gepeitschte Äste und Sträucher durch die leeren Gassen in den Städtchen, aber etwas stimmt nicht im Bild. Alte Kirchen aus Stein gemauert und Häuschen mit gepflegten Gärten erinnern uns an Wales. Und das hat seinen Grund: 1865 gingen in Puerto Madryn 150 walisische Auswanderer von Bord. Arme Leute, die aus den überbevölkerten Kohlebergwerken stammten. Flüchtlinge auf der Suche nach einem neuen Wales, nachdem ihre Unabhängigkeitsbewegung gescheitert und das Walisische als Unterrichtssprache in den Schulen verboten worden war. Ihre Anführer hatten die ganze Erde nach einem abgelegenen Streifen Land durchkämmt, wo sie ungestört ihre Kultur pflegen konnten. Die Wahl fiel auf Patagonien, weil es kein sehr reizvolles Klima hatte, also noch lange Abgeschiedenheit garantieren würde. Im Chubuttal begannen sie, ihre Felder künstlich zu bewässern, und haben der unwirtlichen Region ihr Stückchen fruchtbare Erde abgetrotzt. Die Namen der Siedlungen: *Dolavon, Trelew, Rawson* und *Puerto Madryn* verraten uns, wo auch heute noch gälisch gesprochen wird.

An der patagonischen Küste lernen die jungen Pinguine das Schwimmen

TRELEW

Anders als die kleinen Nachbarorte, ist das walisische Trelew nicht als Siedlung, sondern als Knotenpunkt der Bahnlinie entstanden. Auch heute noch ist Trelew mit 90.000 Einwohnern die Drehscheibe der gesamten patagonischen Küste. Von hier aus fahren Busse in sämtliche Richtungen, starten Flugzeuge nach Norden und Süden, konzentrieren sich Banken, Versicherungen und Handelshäuser der weitläufigen Provinz Chubut. Das gibt dem Städtchen einen sehr geschäftigen Charakter und erklärt, warum das Stadtbild für patagonische Verhältnisse ausgesprochen modern ist. (D 3)

BESICHTIGUNGEN

Wer noch etwas vom Geist des alten Trelew, was auf gälisch soviel heißt wie Lewis Dorf, erhaschen möchte, sollte zu einem historischen Spaziergang durch das Stadtzentrum aufbrechen:

Der Rundgang beginnt an der ehemaligen Bahnstation, *Fontana y 9 de Julio*. Das Gebäude stammt aus dem Jahre 1889 und steht heute unter Denkmalschutz. Die Frauenstatue gegenüber ist ein Denkmal der Argentinischen Mai-Revolution aus dem Jahre 1910.

An der Ecke *España y Fontana* stoßen wir auf das wiederaufgebaute Gebäude der Nationalbank. Sie nahm ihre Tätigkeit bereits 1899 auf. Das aktuelle Gebäude wurde 1922 nach Plänen der alten Bank errichtet. Selbst der Uhrturm mit seinem doppelten Dach ist eine Replik des ursprünglichen Baus.

Salon San David heißt der Backsteinbau *Esq. Belgrano y Italia*. Von der walisischen Siedlervereinigung im Jahre 1913 als Abbild ihrer ehemaligen Kirche in Pembrokeshire gebaut, beherbergt der Salon alljährlich das traditionelle Musik- und Literaturfestival *Eisteddfod*.

Das älteste Bauwerk in Trelew ist die walisische Kapelle *Capilla Tabernacl* aus dem Jahre 1889. Der eher schlichte Bau dient dem Methodisten-Kult (*Belgrano* zwischen *España e Italia*).

Zu den Schätzen des Museums zählen versteinerte Saurierier

Um 1880 begannen sich auch italienische Auswanderer in Chubut niederzulassen. Sie gründeten 1908 eine Art Genossenschaft, die *Sociedad de Socorros Mutuos »Paz y Patria«* und beendeten 1914 den Bau ihres Vereinslokals, des Salon Verdi, der später auch als Theater und Rollschuhbahn diente. (*Italia* zwischen *Belgrano y Rivadavia*).

Folgt man der Straße in Richtung Plaza, gelangt man zur *Iglesia Parroquial Maria Auxiliadora* mit anliegender Klosterschule. Die von Salesianermönchen geleitete Kirche nahm ihre Arbeit 1907 auf. Das aktuelle Gebäude stammt allerdings aus dem Jahre 1970.

Schließlich gelangt man zum Unabhängigkeitsplatz, der *Plaza de Independencia*, dessen Zentrum von einem holzgeschnitzten Pavillon im Jugendstil gekrönt wird. Dieser kleine Pavillon, auch *Kiosco* genannt, ist inzwischen zum Wahrzeichen der gesamten Stadt geworden.

MUSEEN

Museo Paleontológico Egidio Feruglio

★ Das Paläontologische Museum birgt fossile Schätze aus der Vorgeschichte. Der chronologische Aufbau der Fundstücke erleichtert dem Betrachter den Vergleich der unterschiedlichen Lebensformen und trägt wesentlich dazu bei zu verstehen, wie sich die Evolution auf die Fauna Patagoniens ausgewirkt hat. Im Zentrum des Saals werden Reste des *Toxodon platensis*, einer Art Nilpferd aus dem Quartär, ausgestellt. Ein weiterer Sektor ist Petrefakten (Versteinerungen) aus dem Tertiär gewidmet. Die Reste früher Meeresbewohner datieren auf 23 Mio. Jahre vor unserer Zeitrechnung. Noch viel älter sind versteinerte Skelette verschiedener Saurier (zwischen 65 und 160 Millionen Jahre alt), die in den ehemals feuchten Tälern Patagoniens lebten. Hier finden sich auch das weltweit einzige Exemplar des gehörnten Raubsauriers *Carnotaurus sastrei* (Kopien sind in Museen Japans, Europas und den USA ausgestellt) und versteinerte Saurierеier mit vollständig erhaltenem Inhalt.

Das Museum organisiert Exkursionen zu verschiedenen Fundstätten. Das mehrsprachige Personal gibt gern Auskunft. *Mo–So 14–22 Uhr, Avda. 9 de Julio 655*

Museo Regional Pueblo de Luis

Das kleine Museum ist in der ehemaligen Bahnhofshalle untergebracht und spiegelt mit viel Liebe zum Detail die Zeit der walisischen Besiedlung wider. Besonders anschaulich: die Fotos aus dem letzten Jahrhundert. *Mo–So 15–20 Uhr, Avda. 9 de Julio y Fontana*

RESTAURANTS

Cantina Ruca Cahuin

Rustikales Restaurant, auf Meeresfrüchte spezialisiert. *Avda. Roca und 9 de Julio, Kategorie 3*

El Mesón de Mariscos

Etwas feineres Fischlokal. *Rivadavia 540, Kategorie 1*

Hotel Centenario

Das Hotelrestaurant bietet internationale Küche. *San Martín 140, Kategorie 1*

La Robla
★ Wer vom vielen Rind- und Lammfleisch genug hat, findet hier Wildfleischgerichte wie z.B. Reh, Wildschwein und sogar Ziegenbraten. *Rivadavia 453, Tel. 3 47 72, Kategorie 1*

HOTELS

Centenario
Im Zentrum gelegen. Restaurant, 100 Zimmer. *San Martín 150, Tel. 3 00 42, Kategorie 2*

City
Das schlichte Hotel des Argentinischen Automobilclubs bietet auf 32 Zimmern einen guten Service. Preisnachlaß für Mitglieder. *Rivadavia 254, Tel. 3 50 50/ 3 39 51, Kategorie 3*

Libertador
Etwas altmodisch eingerichtetes Hotel mit hervorragendem Service. 70 Zimmer, Bar und Restaurant. Garagen. *Rivadavia 31, Tel. 3 51 32/3 16, Kategorie 2*

Rayentray Hotel
Das unbestritten beste Haus in Trelew mit allem Komfort auf 120 Zimmern. Das zehnstöckige Haus, ein unscheinbarer Kasten, besitzt 3 Restaurants, Café-Bar; Sekretärinnen und Büros stehen zur Verfügung der Gäste; beheiztes Schwimmbad, Sauna, Solarium. *Belgrano y San Martín, Tel. 3 47 01, Kategorie 1*

Touring Club
35 Zimmer, internationale Küche im hoteleigenen Restaurant.

Steilküste an der Península Valdés

Avda. Fontana 240, Tel. 3 39 97/ 9 98, Kategorie 3

AM ABEND

Cafeteria Giovanni
Kneipe mit Poolbillard-Tischen. *Pasaje Salta 486*

Quo Vadis
Gemütliche Teestube. *Esq. Sarmiento y España*

Zodiac
Pub im englischen Stil. *Esq. Belgrano y 25 de Mayo*

AUSKUNFT

Dirección Municipal de Turismo
Terminal de Omnibus (Busbahnhof), Mo–Sa 10–20 Uhr, Of. 15 y 16, Tel. 3 31 12

ZIELE IN DER UMGEBUNG

Peninsula Valdés
★ Auf einer Gesamtfläche von 3625 qkm bietet dieses einmalige Naturreservat zahlreichen Tierkolonien Schutz. Die Halbinsel liegt 170 km nördlich von Trelew. Über einen 35 km langen Landstreifen, dem *Istmo Ameghino*, mit der Küste verbunden, teilt sie die Buchten Golfo San José und Golfo Nuevo. Zwei Straßen führen durch den Naturpark, die Ruta 2 und 3. Gemeinsam bilden sie einen Rundweg, der alle wichtigen Punkte miteinander verbindet.

Direkt am Eingang bietet ein Informationszentrum, neben einem kleinen Museum und Filmvorführungen, Beratung und detaillierte Auskünfte über das Verhalten der verschiedenen Einwohner von Steppe und Meer. Vom Aussichtsturm hat man einen Rundblick über das gesamte Gebiet.

Folgt man der Ruta 2 nach Osten, gelangt man nach 16 km zur Isla de los Pájaros. Von der Station aus kann man Sturmvögel, Seeschwalben, Raubmöwen, Kormorane und die seltene Antarktische Taube durch ein starkes Fernglas beobachten.

Ungestört leben auch Seehunde auf der Halbinsel

Zehn Kilometer südlich erreicht man die von Felswänden geschützte Bucht Puerto Pirámides mit herrlichem Sandstrand. Es gibt eine Servicestation des Automobilclubs ACA sowie ein paar Imbiß-Stuben und Restaurants. Hier starten auch von Mai bis November ★ Boote zur Bucht der Wale. Eine halbe Stunde bei den krustigen Kolossen kostet *20 $*, nach *Pinino* fragen.

Ein Erlebnis anderer Art ist ein Besuch in der Caleta Valdés, im Osten der Halbinsel. In dem geschützten Haff haben See-Elefanten, Seelöwen und Pinguine Zuflucht gefunden.

Im äußersten Norden, in Punta Norte, befindet sich die einzige kontinentale Kolonie von See-Elefanten in der Welt.

Folgt man von hier aus der Ruta 3 nach Westen, gelangt man zunächst wieder auf die Ruta 2 und zurück auf dem Istmo Ameghino an den Golf von San José. Hunderte von Delphinen tummeln sich in der fischreichen Bucht. *Sur Turismo* veranstaltet Tagestouren im Bus zur Halbinsel, 30 $, der Besuch bei den Walen nicht eingeschlossen *(Belgrano 326, Tel. 3 12 92/3 45 50)*. Wer mit dem Mietwagen kommt, kann entweder im *Motel des ACA* in Puerto Pirámide oder im *Hotel in Punta Delgada* im Südosten der Halbinsel übernachten. 25 Zimmer mit Bad, Restaurant, Tennisplatz, auf Wunsch Vollpension, *Kategorie 2*. (E–F 2–3)

Punta Tombo

★ Das 210 Hektar große Naturschutzgebiet im Süden Trelews bietet Millionen von Magellanpinguinen Lebensraum. Die Landzunge *Punta Tombo* zieht sich 3,5 km weit in den Atlantik hinein und verfügt im Gegensatz zur umliegenden Felsenküste über flache Sandstrände, die den Pinguinen ideale Brutmöglichkeiten eröffnen. Außerdem können Dominikanermöwen *(Larus dominicanus)* sowie Weißbrustkormorane *(Phalacrocorax albiventer)* und Schwarzhalskormorane *(Phalacrocorax magellanicus)* am Rande der großen Pinguinkolonie aus nächster Nähe beobachtet werden.

Sollten Sie mit dem Mietauto fahren, beachten Sie bitte, daß es auf der gesamten Strecke, 220 km hin und zurück, weder Tankstelle noch Servicestation gibt. Unbedingt volltanken und Reservereifen überprüfen. Vorsicht Wildwechsel: Guanacos, Straußenvögel und Maras überqueren häufig die Straße.

Punta Tombo Turismo organisiert Bustouren, *15 $, San Martín 150, Tel. 3 26 58 (E 4)*

Rawson

Die kleine Provinzhauptstadt (68 000 Einwohner) liegt im Osten Trelews in der Nähe der Atlantikküste. Die alte Dorfstruktur wurde inzwischen leider durch moderne Regierungsgebäude zerstört. Trotzdem lohnt sich ein Spaziergang durch den von walisischen Siedlern geprägten Ort mit seinen gepfleg-

Magellanpinguine

Ende August kommen die Männchen zu Tausenden an Patagoniens Küste, um Nistplätze anzulegen oder sich die alten Brutplätze vom Vorjahr zurückzuerobern. Wenig später treffen auch die Weibchen ein, und gemeinsam kann der Nestbau beginnen. Die Eltern übernehmen abwechselnd die Brutpflege und Aufzucht der Jungen, bis diese ihr Federkleid wechseln und schwimmen lernen. Den Schwimmunterricht leiten kurioserweise die alleinstehenden Pinguine in regelrechten Schwimmschulen. Nach etwa 85 Tagen haben die Jungen alles gelernt, was sie zum Überleben auf offenem Meer brauchen. Ende März ist es dann soweit: Die Pinguine kehren zurück ins Meer, in ihr eigentliches Element.

ten Gärten und Straßen. Die 25 km kann man mit dem Mietwagen oder einfach im Linienbus, Busbahnhof, *Esq. Jones y Urquiza, 4 $*, zurücklegen.

Unbedingt besuchen: die älteste walisische Kapelle in Patagonien, *Capilla Berwyn, Uriburu y A. Maiz.*

Das Museum, *Museo Regional Don Bosco,* wurde 1941 von Mönchen des Salesianerordens gegründet und befindet sich in der Klosterschule. Neben archäologischen Funden aus der Zeit der Ureinwohner und tierischen Fossilien werden von den Indianern behauene Steine ausgestellt, die eine erstaunliche Ähnlichkeit mit vergleichbaren Arbeiten aus Polynesien aufweisen *(Mo–Fr 15–20 Uhr, Don Bosco y Sarmiento).*

Fährt man 6 km flußabwärts, gelangt man zum *Puerto Rawson*, dem malerischen Hafen von Rawson, mit seinen bunten Fischerbooten. In der *Cantina El Marinero* direkt am Hafen gibt's *Salmon, Róbalo* und *Pejerrey* frisch vom Kutter.

Playa Unión. Hier vergnügen sich auf 4 km Sandstrand vor allem Einheimische. Die kleine Ortschaft lebt von ihren Badegästen. Wettkämpfe für Angler und Taucher, Kurse für Surfer. (E 3)

Valle inferior del Rio Chubut

Fruchtbar und ländlich sittlich hebt sich das liebliche Chubut-Tal mit seinen walisischen Dörfern vom rauhen Patagonien der schweigsamen Gauchos ab, die auf der Steppe Tag für Tag gegen Wind und Sand um ihre Schafherden kämpfen. Man arbeitet hart auf den Höfen, achtet die Gesetze und lebt gottesfürchtig. Mehr als drei Dutzend Kirchen verteilen sich auf nur fünf Dörfer. Lebhaftes Zeugnis dafür, daß es den walisischen Einwanderern ernst war mit ihrem Wunsch nach religiöser Toleranz, ist das friedliche Nebeneinander der verschiedenen Kulte. Kapellen der Anglikanischen Kirche finden sich neben Methodistischen Gotteshäusern und den Tempeln der Unabhängigen Lutheraner, Baptisten sowie Zusammenschlüssen aus unterschiedlichen Kongregationen. Selbst katholische Kapellen fügen sich harmonisch in dieses Bild ein. Der Gottesdienst am Sonntag wird von den Gemeindemitgliedern mit vierstimmigem Gesang und rhythmischen Sprechchören begleitet und steht selbstverständlich jedem Besucher offen.

Nachmittags Punkt fünf Uhr ist Tea-Time. Daran haben selbst die große Entfernung von der alten Heimat und die hundertjährige Geschichte der walisischen Siedlung in Patagonien nichts ändern können. In den Teehäusern werden köstliche *Brownies* und ein *Lemon Pie* gereicht, nach dem man sich alle Finger lecken möchte. Dazu gibt's frischgebakkenes Brot, die leicht gesalzene Butter der Bauern und den berühmten *Queso de Chubut*, selbstgemachter Schafskäse. (D 4)

Gaiman

Nur 17 km vom hektischen Trelew entfernt, liegt der idyllische Ort Gaiman (4000 Einwohner). Im Schatten der riesigen Weiden kann man sich am Ufer des Chubut beim Anblick der kalkweißen Häuschen in Gedanken nach Cornwall versetzen.

Auf keinen Fall versäumen: Ein Besuch in der *Capilla Vieja* , die ihren ersten Gottesdienst 1875 erlebte, und der später angefügten Kapelle *Behtel*, direkt neben der Bahnstation.

Und um fünf Uhr zum Tee, in eines der typischen Teehäuser: *Ty Draw Ir Avon* (*Juan C. Evans* oder *Ty Nain, H. Yrigoyen 283*), mit kleinem Museum. (D 3)

Dolavon

Ein breiter Bewässerungskanal zieht sich durch die Stadt. Hölzerne Schaufelräder schöpfen geräuschvoll Wasser in kleinere Gräben, die die umliegenden Felder und Weiden für die anspruchsvollen Merinoschafe bewässern. Direkt am Kanal liegt auch die alte Kapelle der Anglikanischen Kirche. Das Backsteingebäude könnte ebensogut in Mittelengland stehen. Weitere Attraktionen sind eine alte Kornmühle, *(Esq. Maipu y Castro)*, und auch hier wieder die walisischen Teehäuser. Ein Besuch auf einem der umliegenden Höfe lohnt sich. Hier kann man nicht nur frischen Schafskäse kaufen, sondern auch ein Schwätzchen mit dem Bauern halten, der sicher gern seine Fundstücke aus der Zeit der Indianer zeigt: Boleadoras, Pfeilspitzen und Faustkeile. Die ersten Siedler unterhielten einen schwunghaften Handel mit den Tehuelche-Indianern: Guanacofleisch und Straußenfedern gegen Butter und Brot.

Ausflüge nach Gaiman und Dolavon organisiert *Sur Turismo, 12 $, Belgrano 185, Tel. 3 45 50.* Mit dem Mietwagen findet man über die Ruta 25 leicht nach Gaiman und Dolavon. (D 3)

PUERTO MADRYN

★ Das quirlige Puerto Madryn am Golfo Nuevo ist die heimliche Hauptstadt der Provinz Chubut. Hier treffen Schafzucht, Metall- und Fischindustrie auf den einzigen bedeutenden Hafen an der Küste, und ein Bauboom ohnegleichen befriedigt die Freizeitbedürfnisse Tausender argentinischer Badegäste. Ehemals nur von Aussteigern und passionierten Tauchern frequentiert, denen es im mondänen Seebad *Mar del Plata* zu voll, zu laut und vor allem zu schick war, gilt Puerto Madryn heute als die zweite große Urlaubsmetropole. In wenigen Jahren hat sich die Einwohnerzahl verdreifacht. Heute leben hier 55 000 Menschen und die Stadt wächst ständig weiter. Für Architekten ein wahres Mekka, darf in Puerto Madryn jeder bauen, wie er möchte. An der Strandpromenade konkurrieren pinkfarbene Strandhallen im Stil griechischer Tempel mit Häusern, die ohne weiteres aus der Kulisse von »Jenseits von Afrika« stammen könnten. Nur im Zentrum geht es dezenter zu. An den angenehm breiten Avenidas finden sich hauptsächlich einstöckige Bauten spanisch-kreolischen Stils.

Vom ehemals walisischen Dorf ist auf den ersten Blick nichts übrig geblieben, wären da nicht die jährlichen traditionellen Siedlerfeste (wie die Fiesta del Cordero im Dezember), die streng eingehalten werden, und zahlreiche Straßennamen, die an die Gründer erinnern, wie z. B. Love Jones Parry, Baron von Madryn Castle, der auch der Stadt seinen Namen gab. (E 3)

Die walisischen Straßennamen Madryns erinnern noch an die Stadtgründer

BESICHTIGUNGEN

Punta Loma

15 m hoch ist der Felsvorsprung, der als Aussichtsplattform über die Seelöwenkolonie von Punta Loma dient. Neben den schwergewichtigen Säugetieren beherbergt das Schutzgebiet auch Austernfischer, Kormorane und Sturmvögel. *Receptivo Puerto Madryn* organisiert Ausflüge für *8 $, J.A. Roca 141, Tel. 72418.* Mit dem Auto gelangt man über den *Bvad. Marítima* Richtung Osten zum Tierreservat. 17 km vor Punta Cuevas nach rechts auf die Schotterstraße abbiegen.

Puerto Pirámides

★ Die herrliche Badebucht mit ihrem besonders bei Tauchern beliebtem kristallklaren Wasser liegt am Eingang der Península Valdés (siehe S. 57). Busse der Linie *Mar y Valle* fahren zweimal wöchentlich hin und zurück. Bei der Touristeninformation erkundigen! Mit dem Auto am günstigsten über die Ruta 3 nach Norden zu erreichen. Gut ausgeschildert. (E 2)

MUSEUM

Museo Provincial de Ciencias Naturales y Oceanográfico

Das naturwissenschaftlich ausgerichtete Museum ist in dem Stadtpalast des Unternehmers Agustín Pujol untergebracht. Das Gebäude aus dem Jahre 1917 bietet auf drei Stockwerken und im Turm reichlich Platz für eine komplette Mineraliensammlung der Region. Auf dem Dachboden ständig wechselnde Kunstausstellungen. *Mo–So 15 bis 20 Uhr, Esq. Domecq García und Menéndez*

Ballena franca austral

Der südliche Glattwal, ein Verwandter des besser bekannten Grönlandwals, war wegen seiner dicken Speckschicht bevorzugte Beute der Walfänger aus aller Welt. Lange Zeit galt der Riese mit seinen verzerrten, scheinbar lächelnden Lippen als beinahe ausgestorben. Inzwischen haben sich die Bestände dieser Bartenwale aber wieder merklich erholt. Mit seinem Maul, das ein Drittel der Körperlänge ausmacht, sieht der südliche Glattwal aus wie eine Karikatur seiner selbst. An seinem Kopf bilden sich Hautwucherungen, deren Bedeutung man bislang nicht klären konnte. Er ernährt sich von Krill, einem Kleinkrebs, den er im Überfluß in den Küstengewässern in unmittelbarer Nähe der Antarktis findet. Das Leben der Glattwale wird von jährlichen Wanderungen bestimmt. Im Winter ziehen sie zu den äquatorialen Gebieten und im Sommer wieder in polare Breiten. Mit diesen Wanderungen nutzen die Tiere den jahreszeitlichen Nahrungsreichtum der Antarktis und des patagonischen Festlandsockels aus. Gleichzeitig können sie sich in den relativ warmen Gewässern mit geringem Nahrungsangebot paaren und auch kalben, wie z. B. in den Buchten der Halbinsel Valdés.

RESTAURANTS

Las Brasas
Klassisches Grill-Lokal, obendrein mit reichhaltigem Pasta-Angebot. *J.A. Roca 672, Tel. 72152, Kategorie 1*

Cantina El Náutico
Weitläufiges Restaurant im Zentrum. Hier gibt's die besten Meeresfrüchte. Unbedingt probieren: *Cornalitos* (fritierte Fische), *rabas (Calamaresringe), vieiras* (Kammuscheln) und die in Knoblauchsauce angemachten *Langostinos al ajillo. J.A. Roca 790 Esq. Lugones, Tel. 71404*

La Cheminée
Hat sich mit seinen ausgefallenen Desserts und frischer Pasta zum beliebten und gut frequentierten In-Lokal gemausert. Nach Fondue verlangen! *Moreno 60, Tel. 71229, Kategorie 1*

Roselli
Hier werden Pizzas und Minutas gereicht. *J.A. Roca und Roque S. Peña, Kategorie 1*

Zenon
Lammbraten, auf patagonische Art am Spieß gegrillt. *Marcos A. Zar 752, Tel. 71765, Kategorie 2*

HOTELS

Costanera
Liegt an der Strandpromenade. 48 Zimmer und 7 Apartments. *Bvard. Almirante Brown 759, Tel. 71038/039, Kategorie 2*

Gran Palace
Rustikales Hotel mit einer Bar und 40 Zimmern. *28 de Julio 400, Tel. 71009, Kategorie 3*

Hostal del Rey
Schönes Strandhotel, kein Restaurant, aber eine Café-Bar, 40

Zimmer. *Brown 681, Tel. 7 11 56, Kategorie 2*

Motel ACA
Im Motel des argentinischen Automobilclubs gibt es Preisnachlaß für Mitglieder, Garagen, 25 Zimmer. *Costanera Norte s/n, Tel. 7 14 52, Kategorie 3*

Península Valdés
Mondänes Strandhotel mit Meeresblick und 70 Zimmern, Café-Bar und Sauna. *J. A. Roca 155, Tel. 7 12 92, Kategorie 1*

Yanco
Mit Meeresblick. Das eher schlichte Hotel wird vor allem von jungen Leuten aufgesucht. 52 Zimmer und 10 Apartments. Abends Diskothek. *J. A. Roca 626, Tel. 7 18 51, Kategorie 3*

SPIEL UND SPORT

Radfahren
Fahrräder verleiht *Bicycle Rental, Esq. J. A. Roca und H. Yrigoyen*

Tauchen
Im Golf Nuevo. Ausrüstungen verleiht *Cressi Sub (Avda. H. Yrigoyen 200, Tel. 7 16 49) für 20 $* am Tag.

Für Novizen im Tauchsport organisiert Peke Sosa einfühlsam erste Unterwasserexkursionen. *Albarracin 290, Tel. 7 12 91*

Windsurfen und Wasserski
Ausrüstungen und Boote sind im *Complejo Náutico Ferramar, Esq. Brown und Martín Fierro* zu haben.

AM ABEND

Casino
Im Spielcasino herrscht Krawattenzwang. Einlaß ab 21 Uhr. *J. A. Roca 516 Esq. Sarmiento* an der Strandpromenade.

AUSKUNFT

Secretaría Municipal de Turismo y Recreación
Mo–Sa 10–13 und 16–20 Uhr, Avda. J. A. Roca 444, Tel. 7 30 29

Die Fischkutter zählen in Madryn noch nicht zum alten Eisen

Verzaubertes Gebirge

Gigantische Gletscher, nadelspitze Gipfel und dichte Südbuchenwälder prägen das Bild der südlichen Anden

Die Anden Südpatagoniens unterscheiden sich ganz wesentlich von allen anderen Gebirgslandschaften der Erde. Die Berge öffnen sich auf die Unermeßlichkeit der Steppen oder auf die Flächen der kontinentalen Gletscher. Das an Größenverhältnisse der Alpen gewöhnte europäische Auge unterschätzt die Entfernungen und Abstände; nur allmählich gewinnt man ein Gefühl für neue Maßstäbe.

Diese einmalige Landschaft ist ein Produkt der Eiszeit. Im Pleistozän bedeckten ausgedehnte, mächtige Eismassen den Südzipfel des Kontinents fast vollständig. Drei Eiszeiten, durch wärmere Perioden unterbrochen, bewirkten ein stetes Vordringen und Zurückweichen der Gletscher. Die bereits durch die Hebung der Andenkette und den Lauf der Flüsse entstandenen Täler des Kontinents wurden durch die Eismasse geschliffen, bis sie einen breiten, u-förmigen Querschnitt aufwiesen. In der Talsohle bildeten sich Schwellen, die zur Entstehung der Seen beitrugen. Große Moränenhügel blieben nach dem Zurückweichen der Gletscher übrig und veränderten manchmal sogar die Richtung der Flußläufe. Als Relikt aus dieser Zeit weisen die südpatagonischen Anden zwei ausgedehnte Eisflächen auf, ähnlich denen Grönlands und der Antarktis, die sich über 17 900 Quadratkilometer erstrecken. Zum Vergleich: Die Gesamtfläche der Alpengletscher beträgt etwa 3500 Quadratkilometer.

Reiche Niederschläge und geringe Abschmelzung aufgrund der starken Bewölkungsdichte tragen dazu bei, daß auf diesen Breitengraden in den Anden überhaupt so eine mächtige Eismasse vorhanden sein kann.

Im Osten ragen einige Gletscherzungen in die großen Seen Argentiniens. Dieses Naturschauspiel rechtfertigte 1937 die Einrichtung des Gletschernationalparks im Südosten der Provinz Santa Cruz mit einer Gesamtfläche von 600 000 Hektar. Oft kalben die Gletscher und die

Ausläufer des 4 km breiten Perito-Moreno-Gletschers am Lago Argentino

großen und kleinen *témpanos* (Eisberge) treiben auf dem Wasser bis in die Steppe. Der größte dieser Kolosse ist der Upsala-Gletscher mit einer Länge von 60 Kilometern und einer Breite zwischen neun und zwölf Kilometern. Er mündet in den *Lago Argentino*. Die großen Seen am Fuße der Anden liegen dabei überraschend niedrig: *Lago Argentino* 187 Meter, *Lago Viedma* 254 Meter und *Lago San Martín* 285 Meter über dem Meeresspiegel.

Beinahe alle Gletscher befinden sich auf dem Rückzug. Einzige Ausnahme ist der *Perito-Moreno* Gletscher, 23 Kilometer lang und 4 Kilometer breit. Er rückt sogar noch weiter vor und trennt dabei einen Wasserarm des *Lago Argentino* vom See ab. Der weiße Riese ragt bis zu 60 Meter über die Wasserfläche heraus und stößt gegen das gegenüberliegende Land. Der Wasserstand des abgetrennten *brazo rico* steigt schließlich um 8 bis 19 Meter an, bis sich im Eis eine tunnelförmige Öffnung bildet und das Wasser endlich die Stirn des Gletschers krachend durchbricht. Dieses einmalige Schauspiel, *desprendimiento* genannt, tritt alle drei bis vier Jahre ein.

Die steilen Gipfel und die weiten Flächen des Eises bieten wenig Lebensmöglichkeiten für Pflanzen und Tiere. Dafür entwickelt sich jedoch am Fuße der Kordillere eine Vielfalt, die dem patagonischen Ökosystem einen besonderen Zauber verleiht. Die Waldgrenze liegt zwischen 800 und 1200 Meter Höhe. Dem Wind stärker als dem Regen ausgesetzt, haben die Wälder im Osten der Anden meist kein Unterholz. Die Baumstämme sind dünner und die Bäume meist zwergwüchsig und verkrüppelt. Oft entwickeln sich ihre Kronen nur auf der Leeseite. Besonders die niedrigen Bäume, die man an der Unterseite der Gletscher fin-

MARCO POLO TIPS FÜR DIE PATAGONISCHEN ANDEN

1 Glaciar Perito Moreno
Der einzige noch im Wachstum begriffene Gletscher Patagoniens kalbt krachend in den Lago Argentino
(Seite 67)

2 Minitrekking auf dem Eis
Ein einmaliges Erlebnis ist die Wanderung auf dem Rücken des Perito-Moreno- Gletschers
(Seite 69)

3 Punta Gualichu
Abstrakte Felsmalereien in den verwunschenen Höhlen bei Calafate
(Seite 68)

4 Wander- und Reittouren zum Fitz Roy
Von El Chaltén aus nähert man sich über Basiscamps den imposanten Türmen des Fitz-Roy- und Cerre-Torre-Massivs
(Seite 69 und 70)

Patagonische Pampa, im Hintergrund das Fitz-Roy-Massiv

det, sind von unglaublicher Formenvielfalt. Neben der Südbuche (Nothofagus) gibt es Magnolien, Zypressen und Lorbeerbäume. Die bekannteste Pflanze Patagoniens ist der *Calafate*-Strauch, ein sauerdornähnliches Gewächs (Berberis buxifolia), das in verschiedenen Arten auftritt. Wer von den heidelbeerartigen Früchten des Calafate ißt, soll nach dem Glauben der Patagonier vom Zauber des Landes gefangengenommen werden und immer wieder nach Patagonien zurückkehren.

Die patagonischen Wälder sind die Heimat zahlreicher Tierarten. Hier verbirgt sich der kleine Andenhirsch *huemul* mit seinem einfachen Gabelgeweih. Fuchs, Iltis und Puma streifen bei ihren Beutezügen ebenfalls durch das Buschwerk. In den weiten Ebenen sind Guanacos und Pampastrauße zu Hause sowie die kleinen *quirchinchos*, Gürteltiere, deren Rückenpanzer noch immer als Resonanzkasten für ein gitarrenartiges Musikinstrument, das *charango*, verwendet wird. Nur ein Kaufboykott wird diese Tiere vor dem Aussterben bewahren können.

CALAFATE

Am günstigsten beginnt man seine Ausflüge in den Nationalpark von dem Ort Calafate aus. Das Städtchen (2200 Einwohner) hat sich zum touristischen Zentrum im Südosten des Lago Argentino entwickelt und ist von Río Gallegos aus über Ruta 5, Ruta 40 und Ruta 0 in fünfstündiger Bus- oder Autofahrt zu erreichen. Die Fluggesellschaft *LADE* unterhält außerdem von Río Grande, Ushuaia und Río Gallegos aus Flüge mit der Fokker nach Calafate. (B 16)

BESICHTIGUNGEN

Glaciar Perito Moreno

★ Von Calafate aus fährt ein Minibus zum Lago Argentino. Man gelangt über einen kurzen Fußweg zur Aussichtsplattform. Herrlicher Panoramablick auf die kilometerlange Front des Perito-Moreno-Gletschers. *25 $, Alvaro Viajes, Esq. Avda. Libertador y Espora* (A–B 16)

Glaciar Upsala und Onelli

Dem größten Gletscher in einem Ensemble von 7 Eiskolossen nähert man sich vom See aus. Die Bootsfahrt beginnt in *Puerto Banderas* und führt über die Wasserarme *Brazo Norte* und *Brazo Upsala* bis an die Abbruchkante des Upsala-Gletschers. Von November bis Ende März. *80 $, Ice Master Tours, J. A. Roca 1340, Tel. 91403* (A 16)

Laguna de los Cisnes
Flamingokolonie auf der Ostseite des Río Calafate gelegen. Gut zu Fuß zu erreichen. (B 16)

Laguna Frias
80 km südlich von Calafate liegt der malerische Lago Roca, eingebettet in Südbuchenwälder. Von hier aus kann man ausgedehnte Wanderungen unternehmen, wie zum Beispiel zur Laguna Frias. Am günstigsten mit dem Mietwagen zu erreichen. Übernachtungsmöglichkeiten gibt es auf dem Campingplatz am Lago Roca. (A 16)

Punta Gualichu
★ Etwa 9 km im Osten Calafates liegen die »verhexten« Höhlen von Gualichu mit ihren abstrakten Felsmalereien. Auch Handabdrücke gehören zu den vermutlich kultischen Malereien, die auf 7000 Jahre vor unserer Zeit datiert werden. Am besten mit dem Mietauto auf eigene Faust zu besuchen. (B 16)

RESTAURANTS

El Mirador del lago
Patagonisches Grillfleisch und internationale Küche. *Avda. Libertador, Kategorie 1*

Pizzeria Onelli
Avda. Libertador 1100, Kategorie 3

La Tablita
Grillrestaurant. *Esq. Comandante Rosales y Libertador,* nahe am Campingplatz, *Kategorie 2*

Tehuel Aike
Avda. Libertador 992, Kategorie 2

HOTELS

Von Dezember bis Februar ist Calafate das Ziel Tausender Besucher aus dem In- und Ausland. Die Gästezahl übersteigt bei weitem die Hotelkapazität des kleinen Ortes. Es empfiehlt sich, bereits in Buenos Aires zu reservieren. Eine Alternative bieten Unterkünfte in Privathäusern und die Campingplätze der Umgebung. Die Touristeninformation gibt gern Auskunft.

Arte rupreste

Überall in Patagonien haben Archäologen Felsmalereien aus der Vorgeschichte gefunden. Abstrakte Jagdszenen, in deren Mittelpunkt Guanacoherden stehen, gehören ebenso zu den Darstellungen wie menschenähnliche Abbildungen und die berühmt gewordenen Handabdrücke, die sowohl als Negative als auch als Vollhandabdruck die Höhlenwände zieren. Bis heute konnte nicht geklärt werden, welche Bedeutung die geheimnisvollen Abdrücke der zarten Kinder- oder Frauenhände für die Nomaden Patagoniens hatten.

El Calafate
Das Hotel des Automobilclubs ACA ist zentral gelegen und relativ preiswert. *Esq. 1 de Mayo y Feilberg, Kategorie 2*

El Mirador del lago
Komfortabel direkt am Lago Argentino mit Blick auf den Moreno-Gletscher gelegen. Restaurant, Sauna, Zimmerservice. *Tel. 9 12 13/4, Kategorie 1*

Kau Yatun
Jenseits des Flusses Calafate auf der *Estancia 25 de Mayo* gelegenes Farmhaus bietet Unterkünfte. *Tel. 9 10 59, Kategorie 2*

La Loma
Der weiße Betonbau liegt im Zentrum. 27 Zimmer, Restaurant, Teestube. Mehrsprachiges Personal. *Esq. Roca y 15 de Febrero, Tel. 9 10 16, Kategorie 3*

Los Notros
Rustikaler Holzbau. Haupthaus mit Restaurant. Über eine Holzbrücke, die den Weg über den kleinen Wasserfall *Velo de Novia* überwindet, gelangt man in die Zimmer. Alle 12 Zimmer mit Blick auf die Gletscherfront des Perito Moreno. Auf der *Halbinsel Magallanes*, außerhalb von Calafate gelegen, *Kategorie 2*

SPIEL UND SPORT

Minitrekking auf dem Eis
★ Die leicht zu bewältigende Wanderung über den Gletscherrücken des Perito Moreno beginnt in der Bahia Catalana mit einer Schlauchbootfahrt über den Lago Argentino bis zum Gletscherrand. Der Aufstieg mit Eispickel und Nägeln unter den Schuhen dauert einige Stunden, mit Einblicken in das blaugleißende Innenleben des Gletschers. *50 $, Tiempo Libre, Avda. Libertador 396, Tel. 9 12 65* (A 16)

Wander- und Reittouren zum Fitz Roy
★ Die auf Abenteuertourismus spezialisierte Agentur *Trekking* organisiert ein achttägiges Wander- und Reitprogramm zu den

Zum Fitz-Roy-Massiv sollte man nur mit Führer wandern

schönsten Landstrichen im Gebiet des Gletschernationalparks. Bootsausflüge zu den Gletscherwänden gehören ebenso dazu wie Bergwanderungen im imposanten *Fitz-Roy*-Massiv. Übernachtungen auf Estancias und in Zeltcamps sind der romantische Abschluß atemberaubender Wandertage. *Trekking, Paraguay 542 P. 2 "C", Buenos Aires, Tel. 3 12 14 29* (A 14–15)

AUSKUNFT

Intendencia Parque Nacional los Glaciares
Erteilt Camping- und Anglerlaubnis für den Nationalpark; Kartenmaterial und Information über freie Berghütten und Wanderwege. *Mo–Sa 10–13 und 16 bis 20 Uhr, Esq. Bustillo y Libertador*

ZIELE IN DER UMGEBUNG

Cerro Fitz Roy – El Chaltén
Nach vier Stunden Busfahrt gelangt man in die kleine Ortschaft El Chaltén des 240 km nördlich gelegenen Fitz-Roy-Massivs. Die etwa 100 Einwohner leben vom Tourismus. Gasthöfe, Blockhäuser, Restaurants und Tante-Emma-Läden stehen Bergsteigern und Wanderern zur Verfügung. Die Unterkünfte reichen allerdings nicht aus, wenn die Zahl der Touristen im Sommer auf Hunderte ansteigt. Einzige Ausweichmöglichkeit: das eigene Zelt. Die beste Übernachtungmöglichkeit gibt es auf der *Estancia la Quinta*, 2 km von El Chaltén entfernt. 4-Bett-Zimmer ohne Bad, aber dafür mit Heizung, die in den Bergen unentbehrlich ist. In der Taberna von *Don Eugenio* gibt es außer Grillfleisch Videofilme über die Region. Hier treffen sich abends die Bergführer. Nach Jorge Tarditti fragen. Wer unerfahren ist, sollte nur mit ortsansässigen Bergführern zu den ★ Basiscamps des *Fitz Roy* und *Cerro Torre* aufsteigen. Aber auch Wanderungen im Schatten der imposanten Türme sind schon ein ganz besonderes Erlebnis. Das Basiscamp des Cerro Torre kann man in einer Tageswanderung erreichen und dann aus 2500 m Höhe einen atemberaubenden Blick über die patagonischen Anden mit ihren Gletscherseen genießen. (A 14–15)

ESQUEL

Im äußersten Nordwesten der Provinz Chubut liegt die Provinzstadt zwischen dichten Südbuchenwäldern, Wildwassern und Seen. Ihre 20 000 Einwohner, zum Großteil Nachfahren walisischer Einwanderer, leben von der Schafzucht, und ab Juli, wenn sich der Ort mit argentinischen Wintersportlern füllt, von Gastronomie und dem Dienstleistungsgewerbe. Esquel wird viermal wöchentlich von *Aerolíneas Argentinas* und an zwei weiteren Tagen von der Fluggesellschaft *LADE* angeflogen und ist außerdem von Trelew oder Comodoro Rivadavia aus mit dem Überlandbus zu erreichen. Das Stadtbild ist modern und erinnert heute kaum noch an die Zeit, in der Esquel als Schlupfwinkel für das berüchtigte Zugräubersyndikat von Bob Parker, alias Butch Cassidy, einen zweifelhaften Ruf genoß. Cassidys Bande, *The Wild Bunch*, hatte um die Jahrhundertwende, als Gesetz und Ordnung auch das letzte noch unerschlossene Gebiet Nordamerikas eroberten, nur noch die Wahl zwischen einem strengen Urteil und Patagonien. Cassidy hoffte, im Land der Gauchos noch jene gesetzlose Freiheit zu finden, die er zum Atmen brauchte, und kaufte 1902 in Cholila bei Esquel eine kleine Farm. Aber das Glück war nicht von Dauer. Nach ein paar Banküberfällen in den Nachbarprovinzen wurden die Behörden aufmerksam und zwangen die Bande zur Flucht. Trotzdem sind die *desperados* nicht in Vergessenheit geraten – überall in Patagonien hört man noch die Geschichten über die *bandidos americanos.* (A 3)

RESTAURANTS

Nido de Cóndores

Das einzige Restaurant mit Blick über Esquel, unbedingt reservieren! *Calle Evans s/n, Tel. 33 80, Kategorie 2*

Pastas Don Quiquino

Reichlich Nudelgerichte in behaglicher Atmosphäre. *9 de Julio 964, Kategorie 2*

Tehuelche

Das Restaurant des gleichnamigen Hotels hat Format: Es bietet nicht nur eine hervorragende internationale Küche, sondern ist auch beliebter Treffpunkt bei Einheimischen. *Esq. 9 de Julio y Belgrano, Tel. 24 20, Kategorie 1*

BARS UND TEESTUBE

Atelier

In der kleinen Bar werden leckere Toasts gereicht. *Esq. 25 de Mayo y San Martin*

Dixie Café

Treffpunkt für Nachtschwärmer bei Musik aus den Siebzigern. *Rivadavia 1017, Tel. 34 58*

Vestry

Die beste Teestube weit und breit wird von den Freeman Schwestern in einem antiken Backsteinhaus, gleich neben der alten Dorfkapelle, betrieben. *Rivadavia 1059*

HOTELS

Esquel verfügt über zahlreiche gute Hotels in allen Preisklassen. Besonders zu empfehlen:

Tehuelche

Das vollständig renovierte Hotel wird von der Plaza-Gruppe gemanagt und kann sich durchaus mit dem Niveau des Plaza-Hotels in Buenos Aires vergleichen. 48 Zimmer. *Esq. 9 de Julio y Belgrano, Tel. 24 20, Kategorie 2*

Los Tulipanes

Einfaches, schmuckes Gasthaus mit eigenem Restaurant und Café-Bar. *San Martin 820, Tel. 25 89, Kategorie 3*

SPIEL UND SPORT

Angeln

Anders als im restlichen Patagonien ist in Esquel das ganze Jahr hindurch Saison. In den Teichen *La Zeta, Caradogh* (5 km von der Stadt entfernt) sowie *Engaño, Falso Engaño, Berta Inferior, Berta Superior* und *Escondida* im Gebiet des Río Pico warten Regenbogen- und Bachforellen auf erfahrene Angler. Angelscheine sind bei der Touristeninformation erhältlich. Es gibt auch erfahrene Angler, die ihre Ausrüstung zur Verfügung stellen: *Guillermo Saguí, Tel. 20 76, Raúl San Martin, Tel. 20 24 und Fernando Gullino, 9 de Julio 1451, Tel. 21 33.*

Drifting

Besonders beliebt bei jungen Leuten ist die Abfahrt des Río Futaleufú von Mallín del Zorro zum Grenzübergang nach Chile, Balsa in Kanadiern. *Fairways Sports & Adventures* transportiert

Gäste und Ausrüstung zum Ausgangsort und versorgt die Sportler außerdem mit einem Picknick. Die Zweierkajaks werden aus Sicherheitsgründen von einem Motorboot begleitet. Rückweg nach Esquel im Auto, *130 $, San Martin 1043, Tel. 3380 (Von Oktober bis April).* (A 3)

Reiten

Auf den Spuren von Butch Cassidy, Sundance Kid und Etta Place durch die Berge zu reiten, hat seinen besonderen Reiz nicht nur für Wildwest-Fans. *Fairways Sports & Adventures* bietet einen Tagesritt durch dichtes Pampasgras, über die alte Poststation *Los Ñires*, den Steinbruch *Vieja Calera* in Richtung *La Hoya* (Skizentrum bei Esquel) bis zur *Laguna La Zeta*. Mittagessen eingeschlossen *80 $, San Martin 1043, Tel. 33 80.*

Eine längere Tour, die die Flucht der *bandidos americanos* bis nach Bariloche in der Provinz Río Negro nachvollzieht, immer in unmittelbarer Nähe der Anden, wird von der Agentur *Trekking* in Buenos Aires organisiert. Eine Woche mit Campingausrüstung, Transfers, Führer und sämtlichen Mahlzeiten kostet 715 $. *Paraguay 542, P. 2 "C", 1057 Buenos Aires, Tel. 3 13 68 53*

Abfahrtslauf im Winter

Das Wintersportzentrum *La Hoya* (13 km nordwestlich von Esquel) bietet bis Oktober Abfahrtsski in verschiedenen Schwierigkeitsgraden, vom Babylift bis zur Teufelspiste. Alle Pisten (um die 2000 m Abfahrt) sind bequem über Sessel- und Schlepplifte (Tageskarte 8 $) von der in 1350 Meter Höhe gelegenen Basisstation aus zu erreichen. Gaststätten, Skikindergarten, Skischulen und Verleih (10 $ pro Tag) erhöhen die Attraktivität des auch landschaftlich ausgesprochen reizvollen Skidorfes. Übernachtungsmöglichkeiten in der *Hostería* an der Basis, *Kategorie 1*. Außerdem gehen mehrmals täglich Busse von Esquel nach La Hoya.

AUSKUNFT

Jefatura de Turismo

Mo–Fr 10–13 und 16–20 Uhr, Sa 10–13 Uhr, Alvear y Fontana am Busbahnhof, Tel. 23 69

ZIELE IN DER UMGEBUNG

Cholila

Die Ranch von Butch Cassidy in Cholila ist inzwischen zum Schuppen heruntergekommen, und man muß schon aufpassen, um sie nicht zu übersehen. Unmittelbar nach dem Überqueren des Baches *arroyo blanco*, noch vor dem Ortseingang, liegt das alte Holzhaus, von Hopfen und Heckenrosen bewachsen, hinter einem halbverfallenen Holzzaun. Im Dorf erzählt man sich aber immer noch gern die verschiedensten Räubergeschichten über die amerikanischen *bandidos*. Etwa 2400 Bauern leben in Cholila von der Schafzucht und dem Fischfang. Seit kurzem wird auf der Griffith-Farm sogar die Zucht von Guanacos versucht, und das mit beachtlichem Erfolg. Die Züchter haben dabei allerdings mit Schwierigkeiten zu kämpfen, die den Schäfern unbekannt sind. Guanacos lassen sich nur scheren, wenn sie vorher betäubt werden. Selbst das Einfangen der scheuen Tiere ist eine Geschichte für sich. In den sanften Hügeln von Cholila weiden außerdem Tausende von Schafen, deren Wolle für das internationale Unternehmen Benetton bestimmt ist. Der nahe *Lago Cholila* im Nationalpark *Parque Nacional los Alerces* lädt zum Angeln und Rudern ein. Von Esquel aus fährt dreimal in der Woche ein Bus nach Cholila (50 km nördlich von Esquel, über Ruta 40 und Nebenstraßen, 3 Stunden Fahrt, 5 $. Schon vorab nach der Rückfahrt erkundigen). Wer im Auto unterwegs ist, sollte nicht versäumen, im waldigen, mit Lupinenfeldern gespickten Tal *Valle del Cajón* eine Rast im Gasthaus *El Trébol* einzulegen. Am Ufer des Sees *Carlos Pellegrini*, bei den Einwohnern als Mosquito-See bekannt, bewirtet eine Gruppe erst kürzlich zugezogener Wahlpatagonier ihre Gäste mit feinsten Torten, Käsen, hausgebackenem Brot und leckeren Gerichten aus frischem Gartengemüse, gewürzt mit Geschichten aus der Umgebung (unbedingt den Besuch von Esquel aus anmelden, über *Fairways Sports & Adventures, Tel. 33 80)*. Mit dem Mietwagen den Rückweg über den Nationalpark wählen, ein Kranz von Seen und Flüssen entschädigt für die schlechte Straße. (A 3)

Nahuel Pan

Nur 20 Kilometer östlich von Esquel entfernt, an der Bundesstraße 259, liegt das Dorf der Mapuche-Indianer Nahuel Pan. Heute leben auch sie hauptsächlich von der Schafzucht, weben aber noch immer nach alter Tradition Teppiche und Decken in graphischen Mustern, bevorzugt aus schwarz-weißer oder auch rotweißer Wolle. Alljährlich finden sie sich im März am Fuße des Nahuel Pan zusammen, um die Götter bei Tanz und Gesang um ein gutes Jahr zu bitten. Ihr buntes *Camaruco*-Fest, mit Tänzen und Reiterwettkämpfen, kann bis zu fünf Tagen dauern. Samstags verkehrt die alte Breitspur-Dampflok, von den Einheimischen kurz *trochita* genannt, zwischen Esquel und der in der Provinz Río Negro gelegenen Stadt *Ingeniero Jacobacci*. Die drei Stunden Fahrt bis Nahuel Pan werden zu einem einmaligen Erlebnis, wenn die Bahn ruckelnd durch die in der Hitze flimmernden Berge fährt und Straußenvögel davonflüchten. Auf einem Holzofen im antiken Personenwagen können die Gäste Mate-Tee oder kleine Gerichte zubereiten. Fahrpreis 5 $. In der Touristeninformation nach Sonderabfahrten erkundigen. (A–B 3)

Parque Nacional Los Alerces

Nur 45 Kilometer westlich von Esquel liegt das verwaltungstechnische Zentrum des 263 000 Hektar großen Naturparks. Die argentinische Regierung erklärte das weite Gebiet an der Grenze zu Chile bereits 1937 zum Naturreservat, um neben den dichten Südbuchenwäldern und der patagonischen Fauna vor allem die vom Aussterben bedrohten südamerikanischen Lärchen zu schützen. Der älteste dieser Baumriesen, von den Einheimischen liebevoll *abuelo* (Großvater) genannt, ist in 2600 Jahren auf die stattliche Höhe von 57 Metern bei einem Durchmesser von 2,20 Metern angewachsen. Die dichten Wälder öffnen sich

Nur noch samstags qualmt die alte Breitspur-Dampfbahn

auf acht Seen und zahlreiche Flüsse mit Wildwassern, die zum größten Teil noch gar nicht erforscht sind. Die einzige Straße führt an den Seen *Futalaufquen, Verde* und *Rivadavia* vorbei durch den östlichen Teil des Nationalparks und erschließt dem Besucher nur einen winzigen Teil dieses grandiosen Naturschauspiels. Bootstouren sind also ein absolutes Muß in einem Gebiet, das einer Perlenkette aus Seen und Flüssen gleicht. Im äußersten Süden des *Lago Futalaufquen* liegt der Anleger *Puerto Limonao*. Von hier starten Motorboote zur Erkundung der Seen *Futalaufquen* und *Krugger* sowie des *Río Frey*. Wer möchte, kann die Fahrt mit einem leichten Trecking zu den Stromschnellen des *Río Frey* verbinden, die komplette Tour mit Lunchpaket und Transport von Esquel kostet 80 $. Noch schöner ist die Fahrt mit dem Auto durch den Park bis zum *Lago Verde*, denn von hier aus führt der Weg über Hängebrükken bis zum Anleger *Puerto Chucao* am Menéndez-See. Weiter geht es mit dem Motorboot über den See bis *Puerto Sagrario*, wo ein von Wildwassern gesäumter Pfad bis zum eigentlichen Schatz des Nationalparks führt, dem *Alerzal*, Standort jahrtausendealter Lärchen. (A 3–4)

Trevelín

Umgeben von Seen und Wildwassern liegt das 6000 Seelendorf im gleichnamigen Tal (23 km südlich von Esquel). Walisische Teestuben mit Rosengärten und eine alte Getreidemühle, die der 1885 errichteten Ortschaft ihren Namen gab (Tre = Dorf, Velín = Mühle), lassen Erinnerungen an die ersten Siedler wachwerden. In der antiken Mühle befindet sich heute das Museum. Neben alten Landwirtschaftsgeräten machen vor allem ein fahrradbetriebener Zahnarztbohrer und eine speziell angefertigte Mütze Furore, die dem ehemaligen Dorfpolizisten Don Martín das Rauchen selbst bei widrigster Wetterlage erlaubte. *(Mo–Sa 16–20 Uhr, San Martin s/n, Tel. 81 29).* Trevelín verfügt über drei gut ausgestattete Campingplätze sowie ein paar einfache Gasthäuser, *Residencial Trevelín (San Martin 295, Tel. 81 02)* und *Residencial Estefanía (Perito Moreno s/n, Tel. 81 48), beide Kategorie 2.* Das Restaurant *El Quincho (Esq. Fortín Refugio y Braun)* lohnt einen Besuch, über die Bundesstraße 259 zu erreichen. Vom Busbahnhof in Esquel fährt außerdem täglich ein Bus nach Trevelín. (A 4)

PUERTO NATALES

Auf der Ostseite der Anden, am Meerbusen der letzten Hoffnung, Ultima Esperanza, liegt die kleine südchilenische Stadt Puerto Natales (14 000 Ew.) mit Blick auf das Inselgewirr der chilenischen Kanäle. Vor hundert Jahren von deutschen Schafzüchtern gegründet, hat sie auch heute noch nichts von ihrem verschlafenen Charme verloren. Patagonische Wellblechhäuschen wurden durch norddeutsche Erker ergänzt. Ihr Gründer Hermann Eberhard hat sich nicht nur in Straßennamen verewigt, sonden ihr auch einen germanischen Ordnungssinn verliehen. Heute leben die Einwohner hauptsächlich von der Arbeit in den argentinischen Kohlebergwerken bei El Turbio und vom Tourismus. Das Städtchen gilt als Tor zu Chiles atemberaubendsten Nationalpark *Torres del Paine* und wird jeden Sommer von zahlreichen Bergsteigern und Wanderern besucht.

Von Calafate aus gibt es leider keine Möglichkeit, mit dem Mietauto ins benachbarte Chile zu fahren. Hin und wieder werden aber Chartertouren mit dem Bus nach Puerto Natales angebo-

Puerto Natales lebt heute hauptsächlich vom Tourismus

ten. Unbedingt in der Touristeninformation nach Tag und Zeit erkundigen! Von Río Gallegos aus besteht außerdem eine regelmäßige Busverbindung mit Puerto Natales über Río Turbio. Das beste Hotel *Capitán Eberhard* liegt im Zentrum. *Esq. Señoret y Baras Araña.* (B 18)

RESTAURANTS

Chilenische Köche sind wahre Meister im Zubereiten von Meeresfrüchten. Muschelragouts und Algensuppen gehören zu ihren Spezialitäten.

La Tranquera

Fleisch-, Fisch- und Muschelgerichte. *Manuel Bulnes 579, Tel. 41 10 39, Kategorie 3*

Ultima Esperanza

Feinstes in Sachen Meeresfrüchte. *H. Eberhard 354, Tel. 41 13 91, Kategorie 2*

AUSKUNFT

Información Turística

Pedro Montt y Phillipi, direkt an der Küste.

ZIELE IN DER UMGEBUNG

Cueva del Mylodon und Puerto Prat

In einem Tagesausflug kann man den alten Hafen Prat am Meerbusen Ultima Esperanza und die legendäre Höhle des Mylodon besuchen. 1895 fand man hier zum ersten Mal Hautstückchen des bereits im Quartär ausgestorbenen Riesenfaultiers. Die Überreste des elefantengroßen Urtieres lockten seitdem immer wieder Altertumsforscher in die 30 Meter hohe und 200 Meter tiefe Höhle bei Puerto Prat. Am Höhleneingang unterhält die Regierung ein kleines Informationsbüro, in dem Broschüren verteilt werden.

Die Höhle ist 26 Kilometer von Puerto Natales entfernt und über eine gut ausgebaute Straße zu erreichen. Alternative: Exkursion mit *Andes Patagónicos, M. Blanco Encalada 226, Tel. 41 15 94.*

Torres del Paine

134 Kilometer nördlich von Puerto Natales liegt eines der attraktivsten Reiseziele im Süden Chiles. Der Nationalpark Torres del Paine, 1959 gegründet und 1978 von der Unesco zum Naturreservat erklärt, zählt zu den eindrucksvollsten Berglandschaften der Welt.

In seinem Zentrum ragt das Paine Massiv so abrupt auf, als wüchse es direkt aus der Steppe empor. Im Norden wird es vom Dickson-Gletscher begrenzt, im Süden von einer Reihe großartiger Seen, dem Grey-, Pehoe- und Nordenskjöld-See und im Westen vom Grey-Gletscher. Die gesamte Berggruppe wird gebildet aus dem bekannten mächtigen Paine-Massiv – Traum für Bergsteiger und Wanderer zugleich – und zwei weniger bekannten Bergketten, am Ostrand des Grey-Gletschers gelegen und vom Olvidado-Gletscher (dem vergessenen Gletscher) in zwei Teile geteilt.

Das Massiv besteht in seinem Hauptteil aus Granitgestein, aus dem wuchtige Felstürme hervorragen wie die Torres del Paine, die in diesem Gebiet verhältnismäßig gering vergletschert sind und dennoch nur sehr schwieri-

Das Paine-Massiv wird im Süden vom Pehoe-See begrenzt

ge Klettermöglichkeiten bieten. Am Westrand erscheint indessen die kompakte Eisbedeckung des Paine Grande.

Die Paine-Gruppe ist in mehrere große Gebirgsflanken und nach Süden und Osten offene Täler gegliedert, die einen verhältnismäßig leichten Zugang zu ihrem Innern gewähren, der durch die vorhandene Infrastruktur wie Steige und kleine, einfach eingerichtete Berghütten noch verbessert wird. In zwei Hotels, der *Hosteria Pehoe*, am gleichnamigen See gelegen, und der *Posada* (Herberge) am Rio Serrano, findet man außerdem etwas gepflegtere Unterkunft.

Mit dem Mietwagen gelangt man über die Landstraße Richtung Norden nach 62 Kilometern zunächst in die kleine Niederlassung *Cerro Castillo*, einst eine riesige Schaffarm. Nach weiteren 72 km vorbei an den Seen Porteño und Sarmiento steht man am östlichen Eingang des Porterío-Sarmiento-Parks. Auf rund 50 km Landstraße bekommt man einen ersten Eindruck von den Wildwassern, Gletscherseen und Bergmassiven. In die Berge gelangt man allerdings nur zu Fuß. Wer das Paine Massiv umwandern möchte, sollte Zeit mitbringen. In 10–15 Tagen kann man das gesamte Gebiet kennenlernen. Ausflüge in den Park organisiert *Andes Patagónicos, M. Blanco Encalada 226, Tel. 41 15 94.* (A–B 17)

Eine Mondlandschaft auf Erden

Versteinerte Wälder und Höhlenmalereien locken in diese unwirtliche Region

Steinwüste, Savanne und ausgedörrte Flußtäler prägen das Bild des patagonischen Hochlandes im Zentrum von Santa Cruz und Chubut. Dornenbüsche, wie der *Calafate*-Strauch und der weißblühende *Mata negra*, bieten Pampashasen und *Ñandus petizos* (kleine Straußenvögel) Unterschlupf. Ihren Schattenplatz brauchen sie nur mit Echsen und Schlangen zu teilen. Im Sommer wird es tagsüber unerträglich heiß. Temperaturen bis zu 40 Grad Celsius sind in der staubtrockenen Region keine Seltenheit. Nachts kühlt es sich empfindlich ab.

Hier ist Patagonien am dünnsten besiedelt. Die extremen Temperaturschwankungen und schneidenden Winde haben auch die touristische Erschließung dieser Mondlandschaft bisher verhindert. Und doch hält sie ein einzigartiges Naturschauspiel bereit: die versteinerten Wälder Patagoniens.

Dieser Araukarienstamm wird nie verwittern: Er ist wie der Wald bei Sarmiento versteinert

Vor 150 Millionen Jahren bedeckte Vulkanasche die gewaltigen Araukarienwälder, die im damals noch feuchten Patagonien zu einer stattlichen Höhe von bis zu 50 Metern angewachsen waren, und verschloß die Poren von Pflanzen und Tieren hermetisch. Siliziumkristalle drangen in die Zellen ein und ersetzten alle organischen Stoffe, ohne die Zellstruktur zu zerstören. Heute findet man versteinerte Krebse und Tannenzapfen zwischen den gewaltigen Baumstämmen, die heute nicht anders als vor Urzeiten aussehen. Faszinierend ist auch die Tatsache, daß die Petrefakte im ★ *Monumento Natural Bosques Petrificados* bei Puerto Deseado und im versteinerten Wald bei Comodoro Rivadavia anders als bei anderen Fundstätten nicht durch eiszeitliche Verschiebungen hierher transportiert wurden, sondern an Ort und Stelle verkieselten, also als vollständiger Wald erhalten geblieben sind. Bizarre Basaltsäulen in der Umgebung der versteinerten Bäume erzählen von der Vulkantätigkeit vor Millionen Jahren. In Santa Cruz bemüht sich die Re-

MARCO POLO TIPS FÜR DAS TAFELLAND

1 Cuevas de las Manos
Faszinierende Höhlenmalereien in der Schlucht des Rio Pinturas (Seite 84)

2 Estancia las Chilcas
Archäologisches und Höhlenmalereien auf einer Schaffarm westlich von Perito Moreno (Seite 83)

3 Monumento Natural Bosques Petrificados
Übernachten im Naturschutzgebiet neben versteinerten Bäumen aus Urzeiten (Seite 79)

4 Balneario Rada Tilly
Badeort mit Steilküste, Seemövenkolonie und Tauchschule(Seite 82)

gierung, dieses erdgeschichtlich einmalige Phänomen als Naturpark zu schützen. Deshalb sollten die Touristen keine »Andenken« entwenden. Das Reservat *Monumento Natural Bosques Petrificados* ist von Puerto Deseado aus über die Ruta 281 nach Jaramillo und von dort aus über die Ruta 3 nach Süden und anschließend Ruta 49 nach Westen zu erreichen. Im Park selbst kann gezeltet werden, allerdings gibt es kein Wasser. Da die *Laguna Grande*, einziges Gewässer in der Umgebung, regelmäßig austrocknet, muß man sich mit ausreichend Trinkwasser und einem Reservekanister Benzin versorgen. Nördlich von Jaramillo, 95 km vom versteinerten Wald entfernt, besteht die Möglichkeit, in einem einfachen Gasthaus in der kleinen Ortschaft Fitz Roy zu übernachten und zu tanken.

Der zweite versteinerte Wald, *Bosque Petrificado de Sarmiento*, nach seinem Entdecker José Ormaechea benannt, ist von Comodoro Rivadavia aus über Ruta 26 und 20 nach Sarmiento zu erreichen. Die Entfernung nach Sarmiento beträgt 156 km. Von dort aus sind es noch weitere 33 km. Etwa 70 km weiter südlich schließt sich noch ein dritter, kleinerer versteinerter Wald an.

PUERTO DESEADO

Die kleine Hafenstadt, mit 3800 Einwohnern und im Jahre 1884 gegründet, liegt an der Mündung des Río Deseado in der Provinz Santa Cruz und ist von Comodoro Rivadavia (Provinz Chubut) aus mit dem Bus oder per Flugzeug mit der Fluglinie *LADE* zu erreichen. (F 11)

HOTELS

Colón
Einfaches Haus. *Almirante Brown 450, Tel. 73 04, Kategorie 3*

Los Acantilados
Espora 1611, Tel. 71 67, Kategorie 2

ZIELE IN DER UMGEBUNG

Cañadon de las Bandurrias
Die vierzig Meter hohen Grotten liegen im Westen der Stadt und sind über die Ruta 281 zu erreichen.

Isla de los Pájaros und Bahia Uruguay
In der Bucht Uruguay können Sie eine Pinguinkolonie und graue Kormorane beobachten, die hier nisten. Im Hotel nach Bootsausflügen fragen.

Fitz Roy
Als einziger Ort in der Nähe des Naturreservates *Monumento Natural Bosque Petrificados* verfügt diese staubige Kleinstadt über zwei sehr einfache Gaststätten und eine Tankstelle. Leider gibt es bisher noch keine Möglichkeit, mit dem Bus zum versteinerten Wald zu fahren. Das Mietauto oder ein Taxi sind unerläßlich. Im Park selbst sind die Parkwächter gern bereit, mit Erklärungen und Führungen zur Seite zu stehen. (E 10)

COMODORO RIVADAVIA

Die verhältnismäßig große moderne Stadt (120 000 Einwohner) im Süden der Provinz Chubut liegt am Golf San Jorge an der Atlantikküste.

Mit zwei großen Industriegebieten, Gas- und Erdölförderung sowie einer florierenden Fischindustrie in Caleta Cordoba, die sich hauptsächlich auf Shrimps und Tintenfisch spezialisiert hat, gehört Comodoro Rivadavia zu den wenigen Knotenpunkten Patagoniens. Sie ist in das Flugnetz der Luftgesellschaften *Aérolineas Argentinas, Austral Líneas Aéreas* und *LADE* integriert und unterhält tägliche Busverbindungen nach Puerto Deseado, Trelew, Sarmiento und vielen anderen Orten. (E 8–9)

MUSEEN

Museo Paleontológico Astra
Archäologische Fundstücke aus der Region. *Mo–So 10–13 und 16–20 Uhr, Ruta 3, 20 km*

Museo Regional Patagonico
Das Museum ist in einem alten Hotel untergebracht und enthält Wissenswertes über die Geschichte der Stadt. *Mo–So 9–12 und 15–19 Uhr, Avda. 9 de Julio y San Martin*

RESTAURANTS

El Náutico
Meeresfrüchte am *Paseo Costanera, Kategorie 1*

Pizzeria Giulietta
Bei Einheimischen beliebtes und günstiges Pizzalokal. *Belgrano 851, Kategorie 3*

La Rastra
Grillrestaurant im Stadtzentrum. Gut sortierte parillada. *Avda. Rivadavia 348, Kategorie 2*

HOTELS

Austral
Modernes gepflegtes Haus im Zentrum. *Avda. Rivadavia 190, Tel. 21021, Kategorie 2*

Azul
Holztäfelung und dunkle Ledermöbel gehören zur Ausstattung des nicht ganz neuen Hotels. 21 Zimmer. *Sarmiento 724, Tel. 24874, Kategorie 2*

Sur Estrella
Im Süden der Stadt am Flughafen gelegen. *Ruta 3, Tel. 22482, Kategorie 1*

SPIEL UND SPORT

Golf und Tennis
Nur 3 km von der Stadt entfernt unterhält der Santa-Lucia-Golf-Club Plätze zum Tennis- und Golfspielen. *Avellaneda*

Fliegen
Der Aero-Club Rivadavia verfügt über sechs Sportflugzeuge. Rundflüge über Patagonien. *Belgrano 778, Tel. 2 46 71*

Sporttauchen
★ Im Badeort Rada Tilly, 12 km südlich von Comodoro Rivadavia, werden Laien in die Geheimnisse des Tauchens eingeweiht. *Punta Marquez*

Wasserski
Unterricht und Verleih von *Club Náutico Espora, Avda. Costanera*

AM ABEND

Casino
Ab 10 Uhr abends kann man im Spielcasino sein Glück versuchen. Abendkleidung ist auch hier erwünscht. *San Martín 847*

La Botica
In der Gaststube gibt es vor allem Hochprozentiges. *Esq. Belgrano y Ameghuino*

AUSKUNFT

Dirección Provincial de Turismo
Mo–Sa 10–13 und 16–20 Uhr, Esq. Avda. Rivadavia y Pellegrini

ZIELE IN DER UMGEBUNG

Balneario Rada Tilly
★ Badeort 12 km südlich von Comodoro Rivadavia. 4 km lange Badebucht, von einer Steilküste eingerahmt. Seelöwenkolonien im Süden, am *Cerro Punta del Marquez.* Übernachtungsmöglichkeiten im Hotel *Rada Tilly (Esq. Piedrabuena y Fragata Argentina, Kategorie 2)*, oder auf dem Campingplatz hinter dem Hotel.

Bosque Petrificado José Ormachea
Der versteinerte Wald bei Sarmiento ist über die Ruta 26 nach Westen zu erreichen. Man kann die 145 km im Linienbus zurücklegen oder eine Minibustour (*50 $*, bei *Puelche Turismo, Ri-*

Einsamkeit nicht nur auf der patagonischen Landstraße

vadavia 439, Tel. 23012) buchen. Auch von Sarmiento aus werden Exkursionen zum Bosque Petrificado unternommen. *20 $* für Einzelfahrten, *10 $* in der Gruppe, *José Varela, Uruguay 33, Tel. 93317* (C 8)

Sarmiento

Nur 6000 Menschen wohnen in der Prärieniederlassung am *Lago Musters* und *Lago Colhué Huapí*. Eine Busstation und ein paar Gasthäuser bieten Reisenden auf dem Weg in die Anden Unterkunft – und den Touristen auf ihrem Stop zum versteinerten Wald eine willkommene Kaffeepause. Übernachten kann man außerdem in der Hosteria *Los Lagos (Esq. Julio A. Roca y Alberdi, Tel. 93046, Kategorie 3)* oder auf dem nahen Campingplatz am *Lago Musters*. 33 km im Süden wartet der versteinerte Wald *José Ormachea* inmitten einer Wüstenlandschaft auf Besucher. Weniger bekannt ist eine archäologisch interessante Fundstelle im Westen Sarmientos. Über die Ruta 20 erreicht man ein Tal mit indianischen Felsmalereien, *manos pintados*. Die Abdrücke der zarten Handflächen sind 7000 Jahr vor unserer Zeit entstanden. (C 8)

PERITO MORENO

Im Nordwesten der Provinz Santa Cruz am Lago Buenos Aires liegt die kleine Provinzstadt Perito Moreno. Ihre 1700 Einwohner sind stolz darauf, in der »archäologischen Hauptstadt« der Provinz zu leben. Jeden 7. Dezember feiert man hier den Tag der Felsmalereien *Dia Provincial del Arte Rupestre* zu Ehren der Tehuelche-Indianer und deren Vorfahren, Nomaden, die die Höhlen der Umgebung mit Tierdarstellungen und Handabdrücken bemalten. Das Stadtbild ist modern, die geraden Straßen öffnen sich zahlreichen Parks und öffentlichen Plätzen, umgeben von Bergen, Meseten (Hochebenen) und tiefen Tälern. Auch hier gehört die Schafzucht zu den Haupteinnahmequellen. Man züchtet Corriedales und Merinoschafe und erntet Obst, um es nach Comodoro Rivadavia zu verkaufen. (A 10)

BESICHTIGUNGEN

Cerro El Volcán

Im Süden der Stadt beginnt hinter der Polizeistation ein Sandweg. Von hier aus gelangt man nach 15 km Fußmarsch zum Vulkankrater.

Estancia las Chilcas

★ Auf der Schaffarm im Westen der Ortschaft sind archäologische Fundorte mit prähistorischen Höhlenmalereien zu besichtigen. Im Touristenbüro des Hotels *Belgrano (San Martín 1001, Tel. 2019)* nach Transportmöglichkeiten fragen. Entfernung 30 km über die Nebenstraße 520.

Lago Buenos Aires

Dem riesigen See im Westen verdankt das Städtchen sein mildes Klima. Der Lago Buenos Aires zieht sich weit über die chilenische Grenze, heißt dort allerdings *Lago General Carrera*. Die Grenze bilden die Gipfel der Anden, die den See malerisch einrahmen. Der Weg führt vorbei an Feldern, Obsthainen und Weidenbäumen. 25 km von Perito Moreno entfernt. (A 9–10)

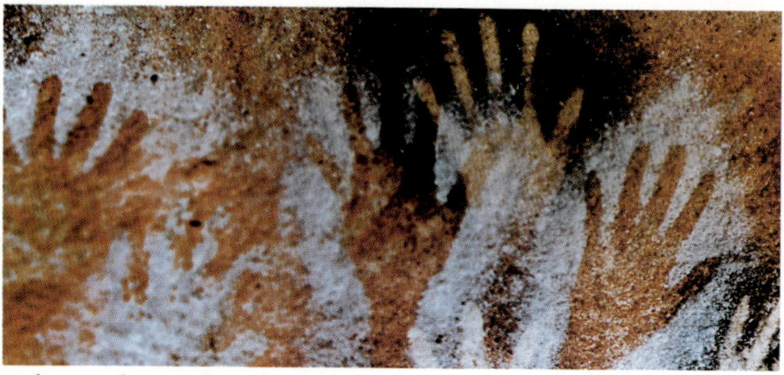

Verhext und verzaubert: die Bilder in der »Höhle der Hände«

Cuevas de las Manos

★ Die faszinierenden Höhlenmalereien in der »Höhle der Hände« mit ihren Bildern von Guanacoherden und Jagdszenen und zahlreichen Abdrücken kleiner Hände rechtfertigen den Besuch im etwas abgelegenen Perito Moreno. Die bevorzugten Farben der Tehuelche und ihrer Vorfahren waren Schwarz, Rot, Violett, Gelb, Weiß, selten jedoch Grün. Bisher konnte nicht geklärt werden, zu welchem Zweck diese wunderschönen Malereien von den Ureinwohnern in zahlreichen Höhlen Patagoniens geschaffen wurden. Man vermutet, daß sie kultischen Festen dienten. Tatsächlich wurden sie, Berichten der ersten Siedler zufolge, von den Indianern gemieden und als »verhext« angesehen. Daher auch die Bezeichnung »gualichu«, was soviel wie verzaubert heißen soll. 124 km im Süden von Perito Moreno liegen die Höhlen in der Schlucht zwischen dem Rio Pinturas und dem Dorf Bajo Caracoles. Von Perito Moreno aus werden Bustouren zu den einmaligen Fundstätten unternommen. Im Hotel Belgrano nach den Abfahrtstagen fragen. (A 11)

RESTAURANTS

Belgrano

Hotelrestaurant mit internationaler Küche. *San Martín 1001, Tel. 2019, Kategorie 1*

El Cisne

Hier gibt es ein hervorragendes amerikanisches Frühstück. *Esq. J. A. Roca y Sarmiento, Kategorie 2*

HOTELS

Argentino

Einfaches Gasthaus, Bad auf dem Flur. *Avda. Juan Domingo Perón 1090, Kategorie 3*

Belgrano

Komfortables Hotel im Stadtzentrum. *San Martín 1001, Tel. 2019, Kategorie 2*

Santa Cruz

Schlichtes Haus, Bad auf dem Flur. *Belgrano 1565, Tel. 2133, Kategorie 3*

AUSKUNFT

Das Hotel Belgrano unterhält ein Touristenbüro in der Empfangshalle. *San Martín 1001, Tel. 2019*

Von Auskunft bis Zoll

Hier finden Sie die wichtigsten Adressen und Informationen für Ihre Reise in den Süden Argentiniens

AUSKUNFT

Allgemeine Auskünfte und Broschüren erhält man in Reisebüros; einige Veranstalter bieten auch Pauschalreisen nach Patagonien und Feuerland an. Außerdem kann man sich an das *Argentinische Generalkonsulat, Neuer Jungfernstieg 6 a, D-2000 Hamburg 36, Tel. (0 40) 34 20 51*, wenden.

Vor Ort erhält man Auskunft bei den *Informaciones Turisticas* der einzelnen Städte. Dort gibt es spezielle Tips für die Region, nützliche Hinweise, aber leider kein gutes Kartenmaterial. Alle Provinzen Argentiniens unterhalten außerdem Informatiosbüros in der jeweiligen Hauptstadt:
Chubut: Paraguay 876, Tel. 3 11 04 28, von 8–16 Uhr;
Santa Cruz: 25 de Mayo 277, P. 1, Tel. 3 42 77 56, von 10–16 Uhr;
Tierra del Fuego: Delegación Infuetur – Instituto Fueguino de Turismo, Avda. Santa Fé 919, 1059 Capital, Tel. 3 22 88 55, von 10–18 Uhr

ARZT – APOTHEKEN

Die Apotheken oder *Farmacias* sind am Samstag und Sonntag offiziell geschlossen. Welche Farmacia jeweils den Notdienst übernimmt, ist an der Tür jeder Apotheke angeschlagen. Auch Taxifahrer wissen in der Regel, zu welcher Apotheke sie jeweils fahren müssen.

Ausländische Besucher werden grundsätzlich als Privatpatienten behandelt, daher ist der Abschluß einer privaten Reisekrankenversicherung notwendig. Auskunft bei Krankenkassen und Reisebüros.

AUTO

Europäer brauchen in Argentinien einen gültigen internationalen Führerschein. Leihwagen sind bei *Avis* oder *Europcar* in jeder größeren Stadt zu bekommen. Es empfiehlt sich, eine Vollkaskoversicherung gleich mitabzuschließen. Ein Kleinwagen kostet etwa 100 Mark pro Tag, plus 50 Pfennig pro km.

In Argentinien gilt seit Mai 1992 Anschnallpflicht, eine Promillegrenze gibt es jedoch nicht. Dafür werden die angegebenen Geschwindigkeitsbegrenzungen, in Ortschaften 40 km/h, streng kontrolliert. Da die allgemein gültigen Vorfahrtsregeln meistens nicht eingehalten werden, unbedingt Blickkontakt mit den Verkehrsteilnehmern herstellen! Hier gilt das Recht des Stärkeren: Wer sich traut, fährt zuerst!

Einzige Ausnahme: Ushuaia im Winter. Bei Straßenglätte haben auf jeden Fall Autos, die die steilen Berghänge herunter- oder auch hinauffahren, Vorfahrt.

ACA-Automobil Club Argentino. Beim argentinischen Automobilclub kann man gute Straßenkarten erwerben und auch als Tourist Mitglied werden. *Avda. del Liberatador 1850, 3 Piso, Tel. 8 01 02 26*

AUTOSTOP

In einem Land, das so dünn besiedelt ist wie Patagonien und zudem riesige Entfernungen zwischen den wenigen städtischen Zentren aufweist, ist es beinahe unmöglich, per Anhalter zu reisen. Oft können Stunden vergehen, ehe auf der Landstraße ein Auto vorbeikommt. Es empfiehlt sich daher, Überlandbusse zu nehmen.

BANKEN – GELD

Öffnungszeiten Mo–Fr 9–14 Uhr. Während der Sommermonate haben einige Informationsbüros außerdem noch nachmittags Wechselstuben eingerichtet. Die argentinische Währung ist der Peso, der in Banknoten zu 1, 2, 5, 10, 20, 50 und 100 Pesos ($) eingeteilt ist. Folgende Münzen sind im Umlauf: 1, 5, 10, 25 und 50 Centavos.

Der Wechselkurs ist schwankend; Faustregel zur Zeit: In Argentinien 0,75 $ = 1 Mark (Stand: Oktober 1992). Es empfiehlt sich, erst am Urlaubsort Geld zu wechseln; den günstigsten Kurs haben US-Dollar.

Probleme ergeben sich oft beim Tausch von Reiseschecks. Die meisten Banken in Feuerland und Patagonien behalten zehn Prozent des Gesamtwertes als Wechselgebühr ein. Als Zahlungsmittel werden Reiseschecks im Süden ohnehin nicht anerkannt.

BERGSTEIGEN

Die patagonischen Anden sind ein beliebtes Ziel für Bergsteiger, aber Rettungsdienste sind meist nicht vorhanden. Unbedingt Kontakt zu ortsansässigen Andinisten aufnehmen oder Touristeninformation fragen.

Sehr zu empfehlen ist der Wanderführer: Gino Buscaini/Silvia Metzeltin, Patagonien – Traumland für Bergsteiger und Reisende, Bruckmann Verlag. Die Autoren, selbst begeisterte Bergsteiger, erzählen darin nicht nur von ihren eigenen Bergabenteuern, sondern geben auch konkrete Anweisungen zum Klettern in den patagonischen Anden, mit zahlreichen Karten und praktischen Hinweisen.

BOTSCHAFTEN – KONSULATE

In Buenos Aires:

Deutsche Botschaft, *Villanueva 1055, Tel. 7 71 50 54/59, Mo–Fr 9–12 Uhr*

Österreichische Botschaft, *French 3671, Tel. 8 02 71 95, Mo bis Fr 9–12 Uhr*

Schweizer Botschaft, *Avda. Santa Fe, 846, P. 12, Tel. 3 11 64 91/95, Mo–Fr 10–12 Uhr*

In Ushuaia (für Feuerland und Santa Cruz):
Deutsches Honorarkonsulat, *Mo–Fr. 16–18 Uhr, Juan Manuel de Rosas 516, Tel. 2 27 78*

BUSSE

Das argentinische Eisenbahnnetz endet im Süden in der Stadt Esquel (Provinz Chubut). Noch weiter südlich verkehrt nur noch der *autobus*, in Argentinien auch *colectivo* genannt. Private Busgesellschaften verkehren in regelmäßigen Abständen zwischen den verschiedenen Städten Patagoniens, allerdings nicht auf allen Strecken täglich. Die Busse sind in der Regel schon etwas älter und bieten keine Sitzplatzreservierung. Man sollte möglichst am Abfahrtsort einsteigen. Fahrscheinkauf am Vortag ist empfehlenswert. Es gibt keine Busverbindung von Patagonien nach Feuerland, allerdings verkehrt ein Bus von Río Gallegos über Río Turbio in die chilenische Stadt Punta Arenas. Von dort aus kann man mit der Fähre nach Porvenir, einer kleinen Niederlassung im chilenischen Feuerland, übersetzen und sich mit einem Taxi an den Grenzübergang San Sebastián bringen lassen. Wesentlich einfacher ist hier allerdings der Flug von Río Gallegos nach Ushuaia mit einer der argentinischen Fluggesellschaften.

Die patagonischen Anden, Traumland für Bergsteiger

CAMPING

Die schönsten Campingplätze findet man innerhalb der Nationalparks, z.T. mit Dusch- und

Die Marco Polo Bitte

Marco Polo war der erste Weltreisende. Er reiste in friedlicher Absicht, verband Ost und West. Er wollte die Welt entdecken, fremde Kulturen kennenlernen, nicht zerstören. Könnte er für uns Reisende des 20. Jahrhunderts nicht Vorbild sein? Aufgeschlossen und friedlich sollte unsere Haltung in anderen Ländern sein. Dazu gehören auch Respekt vor Mensch und Tier und die Bewahrung der Umwelt.

Pinguine haben ein ausgeprägtes, hochentwickeltes Sozialverhalten

Kochgelegenheiten. Außerhalb der Städte ist auch »wildes« Zelten erlaubt.

EINREISE

Deutsche, Schweizer und Österreicher benötigen für Argentinien kein Visum, wenn die Aufenthaltsdauer 90 Tage nicht überschreitet. Nötig ist dagegen ein gültiger Reisepaß. Man kann die Aufenthaltsdauer einmal um weitere 90 Tage verlängern. Unbedingt beachten: Die Ein- und Ausreise muß an einem amtlich dafür vorgesehenen Grenzübergang erfolgen.

Was wie selbstverständlich klingt, wird angesichts der grünen Grenze zu Chile leider oft genug vergessen. Wanderungen in den Bergen und selbst auch in Feuerlands Nationalpark führen oft an die Grenze, ohne daß der Reisende diese als solche wahrnehmen kann. Die Abwesenheit von Zäunen und Grenzern verführt leicht zum Grenzübertritt. Aber Vorsicht: Bei der Ausreise wird immer auch der Einreisestempel kontrolliert. Fehlt der, kann es zu unangenehmen Folgen kommen.

FLIEGEN

Visit Argentina-Paß

In einem Land, das rund 11 mal so groß ist wie Deutschland, sind die Sondertarife für unbegrenztes Fliegen »Visit Argentina« wie geschaffen! Maximale Gültigkeit: 30 Tage. Geflogen wird auf allen innerargentinischen Strekken der *Aerolíneas Argentinas* und *Austral Lineas Aéreas.* Preis pro Person für 4 Flugcoupons 359,–, 6 Flugcoupons 409,–, 8 Flugcoupons 459,– US-Dollar. Ein Coupon gilt für eine beliebig lange Strecke, die Städte dürfen bis auf Buenos Aires nur einmal angeflogen werden.

FOTOGRAFIEREN

Auch wenn Argentinien heute ein demokratisch regiertes Land ist, gilt nach wie vor Fotoverbot für militärische Anlagen und Flughäfen.

Fotomaterial ist etwa doppelt so teuer wie in Europa. Decken

Sie sich vor der Reise deshalb mit genügend Material ein.

GRENZÜBERGANG NACH CHILE

Bei Ausflügen in das benachbarte Chile sollte man etwas Geduld mitbringen. Der argentinische Grenzübergang ist zwar theoretisch 24 Stunden am Tag geöffnet, der chilenische aber nur acht. Außerdem gibt es zwischen beiden Staaten einen Zeitunterschied von einer Stunde, so daß es oft zu unerwarteten Wartezeiten am Grenzübergang kommt. Auf beiden Seiten kontrollieren Grenzpolizei und Zoll Papiere und Gepäck genau. Bitte beachten: Die Einfuhr von Lebensmitteln ist in Chile strikt verboten.

IMPFUNGEN

Für den Besuch im Süden Argentiniens sind keine besonderen Impfungen vorgeschrieben. Weder Malariaprophylaxe noch Schutz vor Insekten sind nötig. Allerdings gab es bereits 1992 einzelne Fälle von Cholera im Norden des Landes. Daher ist Vorsicht beim Verzehr von ungewaschenen Früchten geboten, denn Obst und Gemüse kommen meist aus dem Norden. Leitungswasser kann ohne Bedenken benutzt werden, denn es enthält Chlor. Auf Campingplätzen unbedingt das Wasser vor Gebrauch abkochen!

MASSE, GEWICHTE, TEMPERATUR

Hier gilt das in Mitteleuropa übliche metrische System: Liter, Kilometer, Celsiusgrade etc.

NETZSPANNUNG

220 Volt Wechselstrom. Mitgebrachte Elektrogeräte brauchen allerdings einen Adapter, am besten mitbringen!

Kap Hoorn

1610 stellte sich Isaac Le Maire, ein Amsterdamer Großkaufmann, gegen das Monopol der holländischen Ostindischen Kompanie im fernöstlichen Handel. Er gründete eine Gegenorganisation, die *Australische Gesellschaft*. Doch da die Ostindische Kompanie die wichtigen Seewege um das Kap der Guten Hoffnung und die Magellanstraße kontrollierte, blieb Le Maire nur die Suche nach einer neuen Route. Am 14. Juni 1615 stachen von den Niederlanden aus zwei robuste holländische Schiffe Richtung Südatlantik in See. Sie wurden von Kapitän Jacob Le Maire, dem Sohn Isaac Le Maires, und Corneliszoon Schouten befehligt. Die Schiffe fuhren nicht in die Magellanstraße ein, sondern segelten weiter nach Süden, an Feuerland entlang, an den vielen kleinen Eilanden vorbei, bis zur letzten Felseninsel, in dem der amerikanische Kontinent endet. Die Seefahrer benannten dieses Kap nach ihrem Heimatort *Hoorn*, und waren, nachdem sie das Kap erfolgreich umrundet hatten, die ersten, die diese später so berühmte Route offiziell befuhren.

ÖFFNUNGSZEITEN

Die Geschäfte sind meist von 10–12.30 und 16–20 Uhr geöffnet. In der Saison auch bis 21 Uhr. Wer nachts noch etwas braucht, kann an kleinen Kiosken von der Zahnbürste bis zur Flasche Wodka alles kaufen. Restaurants öffnen mittags von 12.30–16 Uhr und abends von 20–1 Uhr. Die Café-Bar lädt dagegen ab morgens 9 Uhr zum Frühstück ein und bleibt den ganzen Tag über geöffnet. Die Gaststättenbesitzer sprechen sich untereinander ab, wer jeweils montags oder sonntags sein Lokal geschlossen hält. Das kann von Saison zu Saison sehr unterschiedlich sein, daher am besten vor der Wahl bei der Touristeninformation oder direkt im eigenen Hotel erkundigen, ob das gewünschte Speiselokal auch wirklich geöffnet hat.

ORTSZEITEN

Argentinien zählt mehrere Zeitzonen, die nicht nur geographisch, sondern auch unter politischen Gesichtspunkten festgelegt werden. So hat z.B. Feuerland dieselbe Uhrzeit wie Buenos Aires; Santa Cruz und Chubut aber unter Umständen nicht. Generell ist Argentinien der mitteleuropäischen Zeit im Sommer um 5 Stunden und im Winter um 4 Stunden voraus.

POST – TELEFON

Postämter
Sie sind meist von Mo–Fr geöffnet, von 8–16 Uhr. Das Porto für eine Postkarte nach Europa kostet 0,50 $. Briefmarken und manchmal auch schöne Sonderstempel bekommt man in Museen. Sammlermarken kann man in Kiosken und Souvenirläden ergattern.

TELEFONIEREN

Für die Telekommunikation ist das private Unternehmen *Telefonica Argentina* zuständig. Die Büros der Gesellschaft haben von 7–1 Uhr geöffnet. Für ein Ferngespräch werden Ihnen mindestens 3 Minuten berechnet. Ein Telefongespräch von Argentinien nach Europa ist etwas mehr als doppelt so teuer wie von Europa nach Argentinien.

Vorwahl nach Deutschland: 0049
Vorwahl nach Österreich: 0043
Vorwahl in die Schweiz: 0041

REISEZEIT

Generell in den südamerikanischen Sommermonaten November bis März. In der Nebensaison sind viele Hotels und Restaurants geschlossen. Aber auch der Winter hat seine Reize mit vielen Angeboten für Wintersport.

TANKSTELLEN

Geöffnet während der ganzen Woche von 7–23 Uhr. Keine Selbstbedienung.

TAXI

Taxifahren ist relativ billig. Man bestellt telefonisch oder hält es auf der Straße an. Für längere Fahrten ist es günstiger, einen *Remise* zu bestellen. Das sind Privatautos, die zeitweise von ihren Besitzern als Taxis benutzt werden und darum nicht als Taxi ausgewiesen sind, aber dennoch von einer Zentrale aus kontrolliert werden. 10 km Fahrt kosten etwa 4 Dollar.

TRINKGELD

Etwas »drauflegen« ist in Restaurants üblich; dabei kann man sich an den Richtwert von fünf Prozent halten.

ZOLL

Wertvolle Geräte, wie z. B. Foto- oder Filmkameras für den professionellen Gebrauch, müssen beim Zoll angemeldet werden, damit bei der Ausfuhr keine Probleme entstehen. Die Einfuhr von Pflanzen, landwirtschaftlichen Erzeugnissen und frischen Lebensmitteln (Obst, Wurst etc.) ist nicht erlaubt.

WETTER IN USHUAIA

Die monatlichen Durchschnittswerte im Überblick

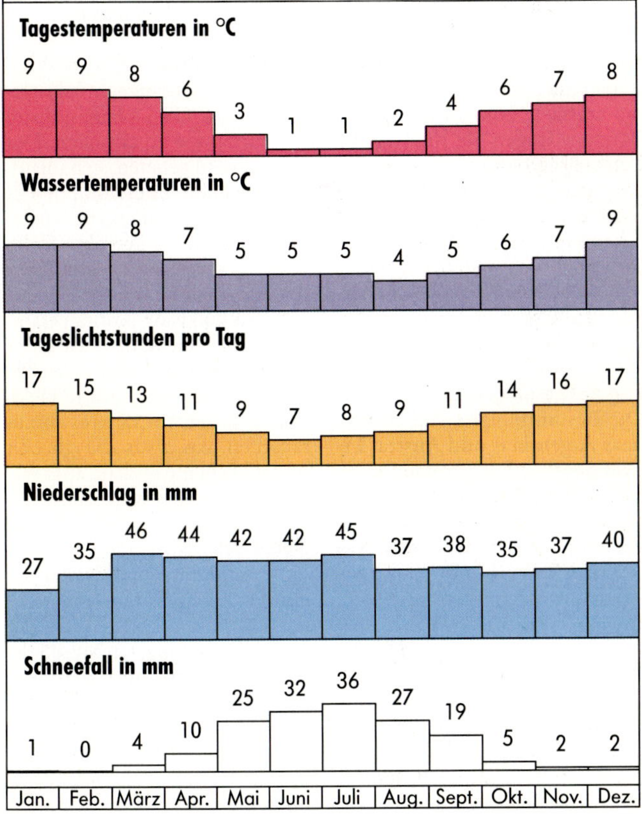

Bloß nicht!

Auch in den Weiten Südamerikas gibt es Dinge, die man besser meidet

Mit Geld und Paß unterwegs in Buenos Aires

Man kann sich als Tourist im gesamten Land recht sicher fühlen – nur in der Hauptstadt ist dies leider anders. Lassen Sie Paß, Ticket und Geld lieber im Hotel, oder noch besser im Hotelsafe, und nehmen Sie nur das mit, was Sie tagsüber zum Bezahlen benötigen. Tragen Sie Ihr Geld in einer vorderen Tasche und sehen Sie sich in vollen Bussen vor Trickdieben vor. Oft arbeiten Taschendiebe im Team zusammen. Während Sie angerempelt werden, zieht Ihnen der zweite Dieb die Brieftasche aus Handtasche oder Sakko.

Flug rückbestätigen lassen

Die Bestimmungen von Aérolineas Argentinas und Austral Lineas Aéreas sehen vor, daß Sie Ihren gebuchten Weiter- und Rückflug spätestens 72 Stunden vor Abflug rückbestätigen. Andernfalls kann Ihre Buchung gestrichen werden. Wir empfehlen Ihnen daher, sich bei jedem Aufenthalt an das nächstgelegene Büro der Fluggesellschaft zu wenden, bei der Sie für den Weiter- oder Rückflug gebucht haben, oder die Rückbestätigung gleich bei der Ankunft am Flughafen vorzunehmen.

Fotoapparat nie in den Koffer

Videokameras und Fotoapparate gehören ins Handgepäck. Immer wieder kommt es zu Diebstählen aus den Koffern bei Inlandflügen in Argentinien.

Schwarztauschen

Reisenden wird manchmal angeboten, ihre US-Dollars günstig auf der Straße zu tauschen. Der Tourist wird gebeten, sich unauffällig mit dem Einheimischen in einen Hauseingang zurückzuziehen, wo ihm die korrekte Geldsumme vorgezählt wird. Kurz darauf taucht eine dritte Person auf und lenkt die Aufmerksamkeit ab. Diesen kleinen Moment hat der Trickdieb bereits ausgenutzt, um das vorgezählte Geldbündel gegen ein anderes auszutauschen, das zwar die gleiche Anzahl Scheine enthält, aber wesentlich weniger wert ist.

Marea roja

Es kommt hin und wieder zu einer von Flagellaten verursachten, also natürlichen Algenpest, die zur Vergiftung von Muscheln und Schnecken führt. Das Gift ist farb- und geruchlos. Darum sollte man sich vor dem Verzehr bei der Touristeninformation über mögliche Gefahren informieren.

In diesem Register sind alle in diesem Führer erwähnten Orte, Sehenswürdigkeiten und Hotels verzeichnet

Orte

Sehenswürdigkeiten

Hotels

Was bekomme ich für mein Geld?

In Argentinien steigen die Preise für Lebensmittel, Kleidung, Benzin und andere Waren des täglichen Bedarfs von Jahr zu Jahr kräftig an; die Inflationsraten erreichen bis zu 20 Prozent. Im Oktober 1992 bekam man für eine Mark 0,75 Peso. Wirtschaftskenner erwarten jedoch eine deutliche Abwertung des Peso für Januar/Februar 1993. Bislang wird ein Wechselkurs von einem US-Dollar pro Peso von der Regierung per Dekret aufrechterhalten. Da das Kürzel für Dollar und Peso identisch ist und die Preise gelegentlich in Dollar ausgezeichnet sind, sollte man gut aufpassen, um nicht zuviel zu bezahlen. Das Preisniveau entspricht in Patagonien und Feuerland durchaus dem Mitteleuropas und ist doppelt so hoch wie in Buenos Aires. Die meisten Konsumgüter, auch Lebensmittel wie Milch, Rindfleisch und Obst, kommen aus dem Norden Argentiniens. Die hohen Transportkosten sorgen für eine extreme Teuerung im entlegenen Süden.

Ein Essen in einem Restaurant der mittleren Preisklasse kostet in Ushuaia um die 30 Mark ohne Getränke, eine Flasche guter Mendoza-Wein 20 Mark. Eine Busfahrt über 200 km kostet dagegen nur etwa 16 Mark, ein zweistündiger Ausflug mit dem Dampfer 50 Mark. Kleidung ist oft doppelt so teuer wie in Europa. Dafür sind jedoch importierte elektronische Geräte in Feuerland zu Spottpreisen zu haben (zoll- und steuerfreie Zone). Ein Inlandflug, in Argentinien gekauft (also nicht Visit-Argentina), von Buenos Aires nach Ushuaia kostet 400 Mark, die dreitägige Busreise zwischen diesen Städten kostet die Hälfte. Am Flughafen Ezeiza ist bei der Ausreise eine Flughafensteuer von 13 US-Dollar zu entrichten.

In kleineren Orten werden Kreditkarten als Zahlungsmittel oft nicht akzeptiert. In Hotels, Restaurants und größeren Geschäften kann gewöhnlich mit Kreditkarten bezahlt werden. Abhängig von der aktuellen Inflationsrate kann Ihnen jedoch ein Prozentsatz auf den Kaufpreis aufgeschlagen werden.

An dieser Tankstelle in Trelew gilt wie im ganzen Land: Bitte keine Selbstbedienung!

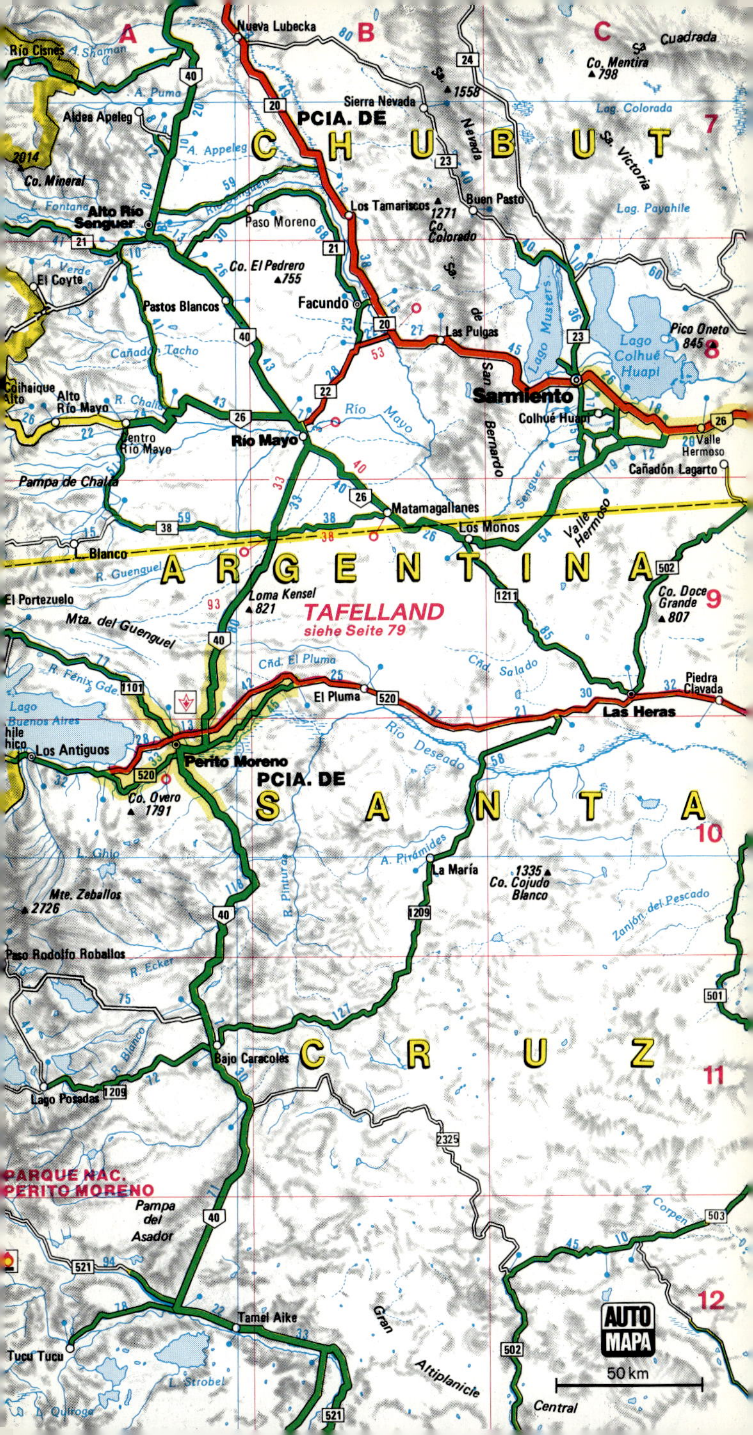

A
B
C
7
8
9
10
11
12
Río Cisnes
A. Shaman
Nueva Lubecka
Sa. Cuadrada
Co. Mentira
798
1558
Sierra Nevada
PCIA. DE
CHUBUT
Aldea Apeleg
A. Puma
A. Appeleg
Lag. Colorada
Sa. Victoria
Sa. Nevada
2014
Co. Mineral
L. Fontana
Alto Río Senguer
Paso Moreno
Los Tamariscos
1271
Co. Colorado
Buen Pasto
Lag. Payahile
Co. El Pedrero
755
A. Verde
El Coyte
Pastos Blancos
Facundo
Las Pulgas
Sa. de San Bernardo
Lago Musters
Lago Colhué Huapi
Pico Oneto
845
Cañadón Tacho
Sarmiento
Coihaique Alto
Alto Río Mayo
R. Chalía
Río Mayo
Colhué Huapi
Valle Hermoso
Centro Río Mayo
Cañadón Lagarto
Pampa de Chalía
R. Senguerr
Matamagallanes
Los Monos
Valle Hermoso
Blanco
R. Guenguel
ARGENTINA
El Portezuelo
Loma Kensel
821
TAFELLAND
siehe Seite 79
Co. Doce Grande
807
Mta. del Guenguel
Cñd. El Pluma
Cñd. Salado
R. Fénix Gde.
Lago Buenos Aires
El Pluma
Piedra Clavada
Las Heras
Chile Chico
Los Antiguos
Perito Moreno
Río Deseado
PCIA. DE
SANTA CRUZ
Co. Overo
1791
L. Ghio
A. Pirámides
La María
1335
Co. Cojudo Blanco
Mte. Zeballos
2726
R. Pinturas
Zanjón del Pescado
Paso Rodolfo Roballos
R. Ecker
R. Blanco
Bajo Caracoles
Lago Posadas
PARQUE NAC. PERITO MORENO
Pampa del Asador
Sa. Corpen
Tamel Aike
Gran Altiplanicie Central
Tucu Tucu
L. Strobel
L. Quiroga
AUTO MAPA
50 km

PCIA. DE
CHUBUT
Sa. Cuadrada
Garyalde
Camarones
Bahía Camarones
Cabo Dos Bahías
Malaspina
Pampa
Pampa de Salaman
Bahía Bustamante
I. Toba
C. Aristizábal
Pico Salamanca
Puerto Visser
Pico Oneto 845
Pico Salamanca 576
Pampa del Castillo
Escalante
Astra
Petroquímica
Valle Hermoso
El Tordillo
COMODORO RIVADAVIA
Cañadón Lagarto
Holdich
Golfo
San Jorge
Gran Bajo Oriental
ARGENTINA
Caleta Olivia
TAFELLAND
siehe Seite 79
Piedra Clavada
Cañadón Seco
Koluel Kayke
Pico Truncado
P. Buazá
Minerales
Tehuelches
Fitz Roy
Mazaredo
C. Tres Puntas
Jaramillo
Cabo Blanco
Pampa de las Tres Hermanas
Ramón Lista
MONUMENTO NATURAL BOSQUES PETRIFICADOS
PCIA. DE
SANTA
CRUZ
Antonio de Biedma
Pampa Alta
Tellier
R. Deseado
Puerto Deseado
L. Grande
Gran Bajo
Pampa del Cerro Moro
P. Pozos
B. de los Nodales
P. Medanosa
B. Desvelos
C. Guardián
Bahía Laura
Río Seco
Florida Negra
C. Vigía
El Salado
Cañadón 11 de Setiembre
AUTO MAPA
50 km